教出
富有創意、
思考力 和
學習有效率
的小孩

用心智圖法
開發孩子的
左右腦

王心怡
北投國小專任輔導老師

孫易新
華人心智圖法大師

著

一本培養創造力的好書

郭靜姿

國立台灣師範大學特殊教育學系教授・亞太資優教育聯盟理事長

　　「創造」是一種能力，也是一個歷程，創造力不僅是資優生的特質之一，也是當今面對多元且快速變遷的環境中，每一個孩子都必須培養的關鍵能力之一。

　　本書作者王心怡老師是一位具有二十年教學經驗的國小級任與專輔老師，在她就讀博士班期間，我有幸擔任她的論文指導教授，因此對她熱忱的教學與嚴謹的研究態度印象深刻。

　　多年來，心怡不僅將心智圖法融入到課程的教學與學生的輔導上，更重要的是，過去這十年，她為了栽培指導自己的女兒，讓女兒在成長的歷程中能適性發展，一頭栽進去鑽研心智圖法在兒童教育的應用。

　　在女兒身上進行實驗教學的過程中，心怡同時也在心智圖法權威專家孫易新老師的指導之下，發展出適合學齡期孩子學習，結合桌遊、繪本閱讀、創意寫作與生活中實踐的心智圖法教學方案。

　　2015年暑假，我與心怡以及她的女兒一起到丹麥參加世界資優教育年會，在兩星期的朝夕相處中發現，心怡的女兒（才11歲的小學生）已經具備良好獨立思考與解決問題的能力。過去十年對心怡而言，是一種創造的歷程；對她女兒而言，則是培養一種創造的能

力。

　　今天心怡將這十年來帶領孩子的創造歷程，分別以「準備期」、「醞釀期」、「豁朗期」及「驗證期」四個階段與讀者分享，不但簡單易懂、容易閱讀，更具有實用的價值，因此特別撰文推薦之。

為孩子尋找學習的新策略

潘裕豐
國立台灣師範大學特殊教育中心主任

「學而不思則罔，思而不學則殆。」

台灣的學校教育對於學童的學習一向非常重視，學生也花費許多的時間學習。但是如何讓學習更有效率呢？學習是一件很複雜的事，除了基本識字能力以外，如果能夠有好的學習策略和好的學習工具輔助，那麼一定能事半功倍。

心智圖法是英國學者東尼‧博贊（Tony Buzan）以自然為師所創新的一種圖像式學習法，孫易新老師將此一方法引進台灣，大力推展，經歷二十餘載，目前已經普受中小學校教師接受與使用，可謂有成。心智圖法就是一種既簡潔又清楚的圖像式學習策略與工具，對於學生在學習上有著很強大的吸引力。

《用心智圖法開發孩子的左右腦：教出富有創意、思考力和學習有效率的小孩》一書作者王心怡老師，以一個身為媽媽和教師的角色介紹心智圖在語文、歷史、地理、提升記憶和專題規劃方面的應用。書中可以看到從一個解析文章的單元內容，到建立關聯，最後形成系統，讓一篇文章能夠透過視覺圖像方式重新呈現。

心智圖這種學習工具，教導學生不只是以文字為主的語文思考來學習文章，同時也運用視覺圖像來呈現學習內容的結構，像這樣

連結文字、圖像、階層、符號、色彩等左右腦並用的學習，對於學生而言比較有趣，也增加了想像與思考的空間。許多研究也證實心智圖法學習策略有助於學習的提升。

做為一種學習策略與學習工具，心智圖法算是被應用相當多的策略之一。從孫易新老師蒐集國內以心智圖法研究的論文就有兩百多篇，足見其所受到的喜愛與肯定。

從心理或是認知的學習看來，兒童的學習發展應該被多元的開發。我個人覺得學習與思考應該同時被應用，過去的學習偏重學習，較欠缺思考的應用。

心智圖法運用多元智能的學習概念，提供了學習與思考的統合，本書中圖例簡明，讓讀者在學習上能夠感受視覺圖像的呈現，記得住、能將知識組織起來，又可以思考延續與創新內容，是一本值得推薦的學習與教學優良專書。

給孩子一個快樂、有用的學習環境

陳孟妏

台北市新湖國小老師

記得有一年跟心怡一起擔任六年級的自然老師，因為高年級的自然課文內容比較多，學生常常不容易將重點記起來，心怡就用心智圖將每一課的重點組織好，讓學生方便記憶。

我當時很好奇，向她請教並借來使用，發現不僅能幫助學生記憶，更重要的是讓學生對於內容更加清楚，也因此種下我學習心智圖法精進教學能力的種子。

在進到課程研究所進修時，我立刻就想到可以對於心智圖法做進一步的學習和研究。為了要讓自己確實的會使用心智圖法，於是就在心怡的推薦下，向孫易新老師正式從頭開始學習，並且計畫使用心智圖法增進低年級的閱讀理解能力和創造力。

感謝心怡在我寫論文時一路上的幫忙，不僅協助我設計出繪本閱讀的心智圖教學方案，同時也做了幾場教學觀摩，讓我可以更精準抓到心智圖法的教學方式。研究的結果，果然證實了心智圖法在學習上的幫助，而且學生在閱讀理解和創造力上也都明顯有更好的表現。

心怡是一個很愛孩子的媽媽和老師，堅持學習要能夠快樂的學習，當初她會投入那麼多的時間和精力去學習心智圖法，就是為了

要能夠實現這樣的理想。

在這本書中，心怡跟我們分享了她的育兒心得，以及和女兒一起學習的歷程，建議父母應該從多元智能的觀點，在孩子嬰兒時期就開始給予刺激，讓孩子能夠在快樂中探索這個世界。由於心怡在心理、學習方面的專業，表面上看起來是讓孩子自由的發揮，但在她的心中卻有個清楚的輪廓，指引著一個母親提供可以滋養孩子累積未來能力的環境。

另外，在建立心智圖法基礎學習的階段，心怡則是運用了大量的玩具、桌遊來提高孩子的學習興趣，讓孩子在不知不覺中，自動自發地將思考成為習慣，進而變成了一種能力。這些過程也全部都寫在書中。

現在我不僅在教學中運用心智圖法做為我的教學策略之一，在陪伴自己孩子的過程中，也常常會運用心怡之前跟我分享的育兒心得，讓我的孩子可以快樂成長。非常感謝心怡將她這些年在心智圖法上的學習及應用心得撰寫出來，讓更多人可以從書上的分享，給孩子準備一個快樂且非常有用的學習環境。

老師輕鬆教、孩子快樂學， 成效一級棒！

鄭琇方

苗栗頭份國小級任老師

我與心智圖法的第一次接觸

由於個性使然，我不喜歡呆板無趣的教學，尤其是作文課，因此，我蒐集了很多活潑有趣的活動，帶著學生們快快樂樂的「玩」作文。剛開始還挺滿足現狀，覺得活動能引起學生學習興趣，然而冷靜後批改作文，卻發現離題、言之無物、不知所云者所占比例之高，立刻一股莫名的無力感油然而生。

所幸正值論文產出時期，在教授指點之下，無意間搜尋到「心智圖」，其透過大量圖示以及組織的方式吸引了我的目光。為了讓論文更嚴謹，於是我便直接報名了浩域企管～孫易新老師所開的課程，從論文到實驗課程至最後結束的評分方式，孫老師和心怡老師都給了我相當大的幫助與鼓勵。

心智圖法帶給我的震撼

為論文蒐集了滿坑滿谷的資料，我開始手繪心智圖，將這些資料根據目的一一用心智圖組織。透過這樣的方式，大綱架構整個清楚地跳躍出來，不到一個禮拜，我便輕鬆地整理出所有需要的實驗內容。查閱資料時，我也只需要對照心智圖，便可以立刻找出所需

要的文獻，這樣的快速與方便帶給我很大的震撼，我開始愛上畫心智圖，也對我的論文教學更有信心。

心智圖法開始走入我的教學生涯

　　低年級的作文教學是我論文的主軸，然而受限低年級的邏輯發展，分類和組織是最難的部分，因此心智圖教學必須向下扎根，透過有趣主題或是注音符號等貼近生活的方式，讓一年級學生在不知不覺中學會心智圖法。這樣的學習方式，讓大部分的孩子都能緊扣主題，言之有物，甚至這些學生升上三年級後，還有老師特地向我詢問，為何以前低年級給我教的學生都能寫出不錯的文章，這樣的回饋讓我感到十分的驚喜。

　　中年級的學生邏輯發展稍微成熟，因此在實施上改變了方向，直接以重點最明顯的社會進行教學，訓練學生分類和摘取關鍵字，熟悉後才進行需要大量結構化的課文大意、作文。

　　高年級學生邏輯發展更加成熟，在分類以及組織上大概只需要一個月密集的練習，學生們就可以輕易上手，以課業的「重點筆記」教學為主。

心智圖法對讀書來說有沒有效

　　這個問題在我的教室裡，可以很肯定地說「有！」

　　這麼多年下來，我看到學生給我的回饋是：

1.心智圖法改變了傳統條列式的思維、能立刻抓取重點

　　彷彿就像是練就了一雙鷹眼般，讀完一篇文章就能立刻找到關鍵字，接著畫出心智圖後，便能輕鬆地找到重點或是傳達的意義，背書開始變成是一件非常容易的事情。

2.長時間學習比較有效

　　根據追蹤結果，學了四年心智圖的學生比只學兩年的，更能主動實際應用到學科之中，這樣的學習效果延伸至國中，甚至是高中。其中還有高中生打趣地說：「有時候老師上課很無聊，我就乾脆圈一圈關鍵字，直接在課本畫出心智圖筆記，避免打瞌睡又可以醒腦，還不錯！」。

3.家長的陪伴與鼓勵能夠延續孩子的學習

　　為了有更優秀的學習成果，班上表現優異孩子的家長們有個共同特色，就是他們願意花時間去了解心智圖、帶著孩子分析，甚至到書局買相關書籍，使得這些孩子在心智圖表現上明顯的優異於其他。成績不夠理想的，因為學會了心智圖而提高；成績優異的，可以因為心智圖而有更多自己的時間。因此，家長的陪伴與鼓勵是穩固孩子學習心智圖最大的力量啊！

　　心怡老師與孫老師合著的這本書從心理學觀點切入，提供了很多有趣的桌遊、活動提升學習興趣，以及教學現場實例，詳細的一步驟一步驟的解釋心智圖教學方式，非常值得有興趣的家長與老師們參考與收藏。

隨身可以帶著走的競爭力

黃尤櫚
華航集團華信航空公關室經理

　　與我的老公國欽相識於淡江大學念書時期，畢業後他進入電腦公司當業務，來自南部鄉下的他，生性老實善良臉皮薄，雖然積極勤跑客戶，但業績表現卻平平。有一天，他如獲至寶般、很興奮地說發現一門相當棒的課程——「孫易新心智圖法®」，上完初級班後，馬上又報名五天的進階班。

　　第一次見到國欽如此積極投入課程，尤其學習心智圖法之後的改變，更是令人咋咋稱奇。彷彿打通任督二脈般，他做事變得非常有效率，更充分掌握關鍵時刻的精準度。從一般電腦公司小業務，一路爬升到擔任外商電腦公司執行副總經理；從總缺臨門一腳拿不到訂單，到創造百億年營業額，獲選為外商企業亞洲最佳經理人，我親眼見證國欽跟隨孫老師學習心智圖法之後的蛻變，就像破繭而出，充分展現他的亮眼才華，無論在職場、在生活上，孫易新老師就像改變國欽一生的重要上師。

　　而我們家兩個雙胞胎兒子，小學就送去孫老師那邊上心智圖法兒童班，學習如何有效率整理課本重點、快速記憶及準備考試等。從小就接觸心智圖法，訓練他們的邏輯思考能力，使得他們智能大開，小學四年級報考全國數學比賽就榮獲優等獎，上國中也順利考

進資優班。記得有次要到國外出差，正在房間整理行李箱，小兒子從門縫遞進一張紙，我拿起來一看，是用心智圖畫的出國必帶物品，小朋友用心智圖來表現他的貼心，多麼溫馨又令人感動。

上個月兒子的學校邀請國欽去和學生們分享心智圖法——「為孩子開啟夢想的窗」，演講前一晚，父子三人擠坐在客廳沙發上，一同盯著電腦螢幕，比手畫腳地熱烈討論著簡報內容……看到這一幕父子互動的畫面，讓我感到非常欣慰和動容。想不到學習心智圖法還可以促進親子間的親密關係，原來心智圖法已深入我們家庭生活之中，隨時隨地都能運用得到，是一種隨身可以帶著走的競爭力，也是父母給孩子受用一輩子的禮物。

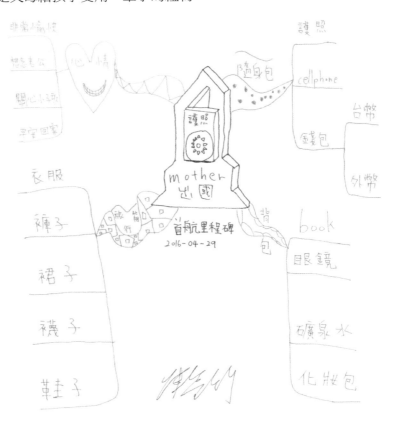

父母是兒女最棒的老師

王心怡

與心智圖的第一次相遇，緣於當時任職學校校長的介紹，那時我正在帶一個四年級的班級，台灣史剛成為四年級社會課本很重要的內容，但是這些內容連身為老師的我都不是那麼熟悉，加上課文中有很多陌生的字詞，因此讀起來實在不容易理解。那時候正好看到孫易新老師所寫的《多元知識管理系統：心智圖法基礎篇》，覺得這本書非常有意思，像這樣的筆記真是美麗又有趣！

於是我把心智圖筆記方式介紹給我班上的學生，詢問大家願不願意試試看？孩子一看到色彩繽紛的心智圖，每個人都躍躍欲試。後來我們班的社會科成績竟然在下一次月考的班級平均中進步了5分之多，那是我第一次感受到心智圖筆記的威力。但儘管如此，對於書上提到心智圖法多麼有用，其實我還是有些疑問。

有了孩子之後，除了喜悅，我竟然立刻想到她又要跟我以前一樣經歷黑暗的國中時期，而且越想越焦慮。這時候我突然又想起了心智圖的筆記威力。這一次，我想我得好好學一學，不然把我這輩子最重要的學生教錯了怎麼得了。

於是我開始向華人心智圖法權威孫易新老師拜師學藝，放掉自己已是老師的我見，重新學畫重點、寫筆記。由於我碩士念的是教

育心理與諮商，在學習心智圖法的過程，我發現原來「學習心理學」理論已被運用在心智圖法的學習之中，那種從理論看到實踐的興奮，激發了我繼續精進學習的動力。

心智圖法的學習開啟了我人生不同的視野，也帶領我邁向更上一層樓的學習。原本我是為女兒而學習，但沒想到自己因此收穫更多，不管在工作上或是學習上，心智圖法的思考方式，都讓我可以更多元的角度看清楚問題。同時心智圖法也幫我省下不少時間，讓我可以兼顧工作、學業與家庭。

很多人問我：「心智圖法什麼時候學最好？」我的回答是打從小貝比還在媽媽肚子裡時就該學了。這答案是從女兒身上得到的。怎麼學？當然是做爸媽的要先學囉！學了心智圖法後，包括買玩具、陪孩子玩的方式都會從發展多元智能角度來考量，給孩子更豐富的視野，自己也因而被開啟更多的潛能，獲得再成長的機會。

凡走過必留下痕跡，陪伴女兒成長的這十幾年，有說不完的故事，整理起來還真是一項大工程。能夠有機會將這些歷程寫成書，非常感謝孫易新老師軟硬兼施的鼓勵，不但教我心智圖法，讓我有運用的舞台，最後還讓我有機會回顧這一段和女兒學習成長的歷程，一邊寫一邊重新感受到當時學習心智圖法的初心。也要謝謝商周出版的淑華，她有無比的耐心，給我溫柔又堅持的提醒，讓我可以持續地完成。謝謝「孫易新心智圖法®」的工作團隊以及講師群，讓我在這個心智圖法大家庭裡不斷學習成長，也感謝孟妏、琇方和韋銘慷慨提供教學分享。

最後我必須說：女兒！是妳給媽媽無比的動力繼續學習、繼續成長，感謝妳！感謝老天！讓我們成為母女！

堅持到終點
比贏在起跑點更重要

孫易新

　　許多關心孩子的家長都不願意讓自己的孩子輸在起跑點，所以每天帶著他們學這個、補那個，甚至還參加智力測驗的補習，目的就是想要進入名校。

　　然而為人父母的我們有沒有想過，這是孩子要的嗎？他們樂在這樣子的學習嗎？有多少贏在起跑點的孩子中途落跑？能堅持到終點的又有幾個？

　　太在意當下的成績，只是強迫孩子記憶一大堆課本上的知識，但卻缺乏思辨與學習能力的培養，導致他們到了有自主決定權的年紀，就遠離課本、拒絕學習，這樣要如何在快速變遷的社會環境中生存呢？因此，思考力與學習力才是孩子在學齡階段應該要學習的，也是父母送給孩子受用一輩子的禮物。

　　這本書是王心怡老師帶領她女兒Fiona學習成長的故事。2006年王老師為了讓女兒擁有一個快樂學習的童年，報名參加我們公司的心智圖法師資培訓班，並將課堂所學充分應用在學校教學和Fiona的日常生活之中。十年過去了，Fiona今年即將從小學畢業，我在她的身上看到卓越的成效。

　　小學六年都沒上過安親課輔班的Fiona，每天一早到學校參加田

徑隊、籃球隊的集訓，放學後忙著上鋼琴課、畫畫班、積木課、學魔術、學攝影，看似沒怎麼在讀書，每次考試各科成績都能保持85分以上，凡是有用心智圖整理讀書筆記的科目，一定都可以拿到90分以上，甚至經常滿分。

我問Fiona：「妳是怎麼辦到的？」

她回答說：「我也不知道耶！課本的東西用媽媽教我的心智圖整理成筆記之後就記住了。」

沒錯，心智圖法已經內化成她的能力了！

為了讓各位家長、老師了解如何應用心智圖法培養孩子的思考力與學習力，本書以訓練創造力的四個歷程：準備期、醞釀期、豁朗期與驗證期來描述Fiona的學習之旅，期盼透過本書的閱讀，為您對心智圖法的應用帶來啟發，也對您的小孩在成長的過程中有所幫助！

目錄　Contents

{推薦序}　一本培養創造力的好書　郭靜姿　　　　　　003

　　　　　　為孩子尋找學習的新策略　潘裕豐　　　　　005

　　　　　　給孩子一個快樂、有用的學習環境　陳孟妏　007

　　　　　　老師輕鬆教、孩子快樂學，成效一級棒！　鄭琇方　009

　　　　　　隨身可以帶著走的競爭力　黃尤櫚　　　　　012

{作者序}　父母是兒女最棒的老師　王心怡　　　　　　014

　　　　　　堅持到終點比贏在起跑點更重要　孫易新　　016

【前　言】　教會孩子習慣思考，樂在學習　　　　　　　022

{ 學齡前期 }

Part 1 準備期～啟發多元智能，做好學習的準備　**025**

第1章　帶著他多探索、多玩
孩子未來的路會走得更踏實 ················ **027**

★ 奠定嬰兒期的多元智能基礎　028

★ 開啟幼兒期的多元智能發展　031

[Column] 跳開資優迷思　035

{ 小學階段 }

Part 2 醞釀期～練習知識整合，會讀書也要會思考 **037**

第2章　思考力 up! 從遊戲中學習
心智圖法基本概念 ···················· **039**

★ 學習畫出有用的「大腦地圖」　040

★ 心智圖法的四大核心關鍵　041

★ 心智圖法的兩大思考方式　049

[Column] 培養孩子的想像力　051

第 3 章　閱讀力 up! 用心智圖法概念
　　　　陪孩子讀繪本故事⋯⋯⋯⋯⋯⋯⋯⋯⋯⋯⋯⋯**054**

★ 從閱讀能力培養深度思考的能力 054

★ 不同階段畫出的《愛心樹》心智圖 055

★ 《你很快就會長高》不一樣的心智圖 059

★ 描述歷程的《鯨魚》故事心智圖 063

★ 以心智圖法媒介繪本間的關聯 065

第 4 章　記憶力 up! 有趣又吸睛
　　　　圖像記憶也能這樣玩⋯⋯⋯⋯⋯⋯⋯⋯⋯⋯⋯**072**

★ 了解人類記憶的三種類型 072

★ 心智圖法掌握記憶原則進行步驟 074

★ 語意記憶與情節記憶 075

★ 圖像可以有效幫助記憶 077

★ 以圖像背誦累積記憶資料庫 079

★ 常玩遊戲也能練出記憶力 082

　　• 猜數字　• 桌遊

❶ 眼明手快　❷ 繽紛糖果　❸ 恐龍肚子轉呀轉

❹ 恐龍腳　❺ 記憶轉轉盤　❻ 四方圖卡　❼ 故事骰

❽ 妙語說書人　❾ 拔毛運動會　❿ 睡皇后

第 5 章　學習力 up! 參觀旅遊
　　　　活用心智圖教學寓教於樂⋯⋯⋯⋯⋯⋯⋯⋯⋯**091**

★ 參觀展覽：在孩子大腦放一張看展地圖 091

★ 分段出遊：有計畫的區塊導覽動物園 097

★ 瘋玩樂園：一張圖完全暢遊日本迪士尼 101

★ 校外教學：以心智圖筆記記錄參觀內容 103

Part 3 ────（中學階段）────

豁朗期～掌握讀書技巧，分科學習有效率 **107**

第6章 筆記力 up! 抓重點快狠準
是學習事半功倍的關鍵 ──────────────── **109**

★ 心智圖筆記讓學習效果看得見 109

★ 做筆記前要先理解課文內容 110

★ 心智圖學習筆記從社會科開始 112

★ 在上課之前先自習做好筆記 113

★ 培養孩子自主做讀書筆記的習慣 116

★ 關鍵字學習：考試的重點在哪裡？ 117

★ 小學到中學由淺入深的螺旋式學習 119

★ 運用迷你心智圖做知識管理 122

★ 筆記 ❶：心智圖法運用在社會科的學習 124

★ 筆記 ❷：心智圖法運用在數學科的學習 129

★ 筆記 ❸：心智圖法運用在國文科的學習 133

第7章 研究力 up! 專題報告
發掘＆解決問題不求人 ──────────────── **140**

★ 培養孩子獨立解決問題的能力 140

★ 親子一起做暑期小專題探索作業 142

第8章 寫作力 up! 建立孩子未來
進行專案能力的基礎 ──────────────── **149**

★ 用全圖心智圖讓孩子看圖說話 149

★ 「仿寫」就是文章寫作的臨摹 151

★ 帶孩子練習做仿寫的心智圖 157

第 9 章 反應力 up! 抽象變具體
快速記憶把大腦活化了 ⋯⋯⋯⋯⋯⋯⋯⋯⋯⋯⋯ **163**

★ 快速記憶「台灣原住民分布」大考驗 163

★ 把抽象數字變具體的記憶法 165

Part 4 驗證期～看到成長的軌跡，從學習中建立自信 167

第 10 章 生活力 up! 在交叉路口
選擇走正確的捷徑 ⋯⋯⋯⋯⋯⋯⋯⋯⋯⋯⋯⋯ **169**

★ 迎接挑戰，面對問題不逃避 169

★ 遊園經驗，看見孩子的成長 170

★ 給他魚吃，不如教用最好的釣竿 171

★ 享受學習，累積專業，人生永遠有夢 172

【附錄❶】教學現場～教學方案與案例分享 173
【附錄❷】心智圖筆記六步驟 197

BOX

▶ 文章中的重點選取　　　　　　　042

▶ 人類大腦裡面配備有 GPS　　　　076

▶ 身體掛勾　　　　　　　　　　　088

▶ 參觀米羅展的心得畫　　　　　　096

▶ 參觀北投溫泉博物館　　　　　　106

▶ 練習整理心智圖筆記　　　　　　139

教會孩子習慣思考，樂在學習

> 有人說：「看得遠的就是好母親。」我想父母看
> 得再遠，還不如培養孩子自己本身厚實的適應能
> 力，學習用富創造力的眼光看待所要面臨的世界。

　　美國心理學家葛拉罕‧華勒士（G. Wallas）是一位頗負盛名的國
際級發展創造力教育大師，他認為創造力思考的歷程包括：準備期
（preparation）、醞釀期（incubation）、豁朗期（illumination）及驗證
期（verification）。

　　其實我認為華勒士的理論不僅是創意思考歷程，也適用於學習
的歷程。

　　學習需要思考，如果不是經由思考的學習，就流於填鴨式，孩
子感受不到學習樂趣，對於學習只感到沉重的壓力。記得國中時考
試壓力幾乎讓我喘不過氣來，往往差之毫釐，失之千里；而在20年
後，我的孩子還是只能重複不愉快的學習經驗嗎？

　　認知心理學家皮亞傑（J. Piaget）認為學習就是一連串不斷同化
和調適的歷程。相對於同化來說，調適是比較辛苦的，需要調整甚
至改變自己原來的基模，形成一個新的認知，而被改變怎麼會輕鬆
呢？

　　我認同學習是辛苦的，但學習卻可以不痛苦。如果有讀有成
果，怎麼會覺得痛苦？只是過去多少認真苦讀的學子們，犧牲睡眠
和玩樂時間念書，在付出這麼多努力之後，接到成績單那一刻卻仍

然感到膽戰心驚。有什麼方法可以幫助我的孩子有念有分，讓所學成為他面對未來的能力呢？

未來的世界不是我們現在能夠想像的，孩子們若無法用富創造力的眼光看待所要面臨的世界，那麼他們終將被時代所淘汰。因此，我希望我的孩子除了透過紮實的學習，將過去珍貴的人類知識結晶吸收成為自己的實力，也要能夠經由思考力、批判能力、創造力的整合，發展出面對未來世界的能力。

而從華勒士的創造力發展歷程來看學習，在準備期（學齡前期）可以從多元智能的觀點，幫助孩子大量累積豐厚基礎，做好學習的準備，並讓他們對相關知識產生理解與連結。

醞釀期時，邁入小學階段，開始經由在學業上面的學習，以及不斷的、大小不同的問題解決（像是大小考試與測驗，就是一種經過條件控制下的問題解決練習），慢慢的將知識與經驗逐漸轉化為孩子們的能力。

到了中學階段，進入豁朗期，孩子們因為在醞釀期學會知識整合，培養出學習新事物會先找有效學習方法的自動化反應，對於可能出現的學習挫折，並不以能力差而貶低自己，而會認為可能是方法不對，產生面對挑戰的勇氣。

最後進到運用過去所學獨立發展的驗證期，也就是進入了成年期。這個時期人們在面對問題時，會很自然地搜尋過去的經驗進行驗證，有些可以類推過去經驗解決，有些不見得就這麼容易，但是依然可運用過去產生新知識的經驗進行終身學習，如此便能不斷累積新的能力，具備不同環境的適應力。

孩子們將來面對的世界不是我們可以預知的，五年前智慧型手機還不普遍，但兩年前就有國中學生滑著手機App告訴我，他寫的

App已經掛在App商店販賣了；過去我們認為想炫、穿名牌就要花大錢，但現在的孩子們已發展出享受名牌並小心翼翼保護，然後轉手以限量方式賺回之前消費，甚至因限量賺回更多的消費模式，這時候過去的消費反而變成了一種投資。

　　思維因著時代不斷的改變，挑戰著我們對孩子們的教育。有人說：「看得遠的就是好母親。」我想父母看得再遠，還不如培養孩子自己本身厚實的適應能力。因此，接下來就以華勒士的創造歷程產生架構，跟大家分享如何將心智圖法運用於學習成長，以達到「享受學習」的終身學習。

啟發多元智能
做好學習的準備

～準備期（學齡前期）～

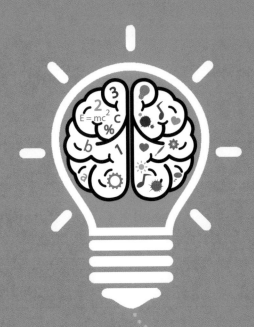

學齡前期的孩子，不管你給他什麼，他都能夠盡量的吸收，而且他對這個世界非常的好奇，藉由自己的五官感覺不斷探索這個世界。因此，在這個階段裡，我們從多元智能的觀點，應該多給予孩子探索這個世界的機會，充分提供刺激來發展他的五官感覺。在玩具的選擇上，也要能夠培養孩子對學習的興趣，建立孩子學習的深度及廣度，並從生理及認知層面了解孩子的發展需求，建立多元智能學習的基礎。

父母讓孩子在嬰兒期這個階段，吃得飽、睡得好、給他充分的愛是這個時期最重要的工作，多跟孩子互動，讓孩子跟自己產生重要的連結，開啟愛的情緒帳戶；幼兒期的孩子什麼都好玩，什麼都想摸一摸，這時候他們有最敏銳的五官，最不受限的創意。讓我們蹲下身來，用跟孩子一樣的高度看這個世界，做孩子探索這個世界最重要的後盾。

第1章

帶著他多探索、多玩
孩子未來的路會走得更踏實

在我們過去的學習經驗裡，以國語、數學、英文、社會和自然占了大部分，讀書最主要就是讀好這些科目，考取一個好的學校。然而進了大學，雖然也考上不錯的學校，拓展了我的視野，發現世界上其實還有好多有趣的知識值得去探索，但我卻沒有足夠的能力去享受這些其他的知識所帶來的快樂。好比說美術方面，我想要畫畫，卻總是無法提起筆，畫出讓自己滿意的畫；現在流行的曼陀羅或是禪繞畫，看別人畫都很漂亮，自己要提起筆來卻總是非常的辛苦和猶豫。大家在瘋騎腳踏車、滑蛇板或是慢跑，又發現自己的運動細胞沒那麼好；要聆賞音樂，也沒有足夠的音樂素養……。

多元智能是由美國學者嘉德納（H. Gardner）在1983年所提出來的，他認為人類智力並不是只能從學科來看，應該至少包括有語文智能、邏輯數學智能、空間智能、音樂智能、肢體動覺智能、人際智能、內省智能及自然觀察智能。過去學校大多強調學生在邏輯——數學和語文（主要是讀和寫）這兩方面的能力。從多元智能理論來看，這只是人類智能的一部分，不同的人會有不同的智能組合，例如：建築師的空間智能比較強，作家的語文智能、業務員的人際智能也都優於其他人。

雖然人類的智能可以從不同的角度來看，但如果我們要能夠靈活運用這些智能，其實必須要從早期發展時就給予一些刺激，以後才比較容易重新被激發。經由這樣子的觀點，我決定讓我的孩子從嬰幼兒時期就有計畫性的接觸各種不同刺激，使得她的大腦神經能夠活化，而且要是在快樂的情緒之下去接觸各種刺激，這樣記憶才能夠長存。

奠定嬰兒期的多元智能基礎

生理方面

一歲以前的孩子大多著重在睡眠，這時候給他一個不受干擾的睡眠環境是相當重要的，因為在這一年中孩子的生理仍然在急速成長，需要消耗相當多的能量，必須要有充足的睡眠，才能應付全身性的發展。

在身體活動的部分，這個時期我著重在孩子肌肉用力的發展，常常會伸出兩手食指讓她用兩個小小手掌握著，然後慢慢的往上拉，透過像玩遊戲的方式，用這樣的動作訓練她手部肌肉的力量，因為接下來大部分的時間都需要靠她的雙手來探索這個世界。

每當她的小手握住我的手指頭時，我就會一邊發出「加油！用力！」的聲音，一邊協助孩子身體

往上抬起。這是一個可以同時進行眼睛和肢體接觸的活動，孩子通常會做得非常開心，跟著大人練習使用她的手和腹部，將小小的身體往上抬起，這個時候要特別注意孩子的手部關節，大人可以扶助整隻手臂的部分，防止嬰兒的關節拉傷。

　　讓她能夠自行運作自己的肌肉是我們做這個動作最主要目的。不過在前幾個月也不用太大力去拉，只要感受到小手有拉著手指的力量就可以了，接下來等她慢慢的、越來越能夠跟你有眼神接觸的時候，就會自己想辦法抓著你的手，使用腹部的力量挺起身體。到了三個月以後，讓她自己趴著玩一段時間，此時她會自己抬頭，或用手將胸部撐離床面，轉頭張望，而看到更多的東西。

　　另外，選擇有立即性回饋的玩具給孩子是非常重要的。女兒出生沒多久，我曾買過一種可放在床尾的布製立式鋼琴鍵盤，讓女兒可以用腳踢到。每當她踢到琴鍵，聽到發出聲音，就會非常開心，然後會更用力的去踢。雖然只是不經意地踢到，但是當她發現會有聲音回饋時，就會很有興趣的繼續踢，不斷地踢，就完成很重要的腿部運動。

　　每天幫女兒洗完澡、擦乳液時，我會用手為她做全身的按摩，沒有什麼特別的手法，只是輕輕用手掌在她身體上慢慢的撫摸，並且注意保持溫暖，力道不能太大，眼神要與孩子有四目的交流，然後一直跟孩子講話，讓她能夠感受到我對她的愛。

　　在按摩過程中，對於她的關節也會輕柔地幫她做一做運動，像是肩關節和鼠蹊部的關節，這些平常比較不容易運動到的部分，可以藉由每天短短時間的按摩運動，讓孩子全身都獲得舒展。

認知方面

　　孩子在嬰兒期多半躺著或是趴著，滿月後開始對周圍的聲音有反應，到二個月時聽力便相當進步，因此聲音是這個階段最容易提供的刺激。

　　雖然視力發展需要到三、四個月後，甚至一足歲，才能漸漸看清楚這個世界，但是他的耳朵卻已經開始非常的靈敏了，所以這時可以提供一些音樂來刺激孩子的聽覺。

　　我沒有特別一定要培養孩子有什麼樣的音樂素養，不管是古典音樂、流行音樂或兒歌，都可以播放給他聽。當他開始會轉頭時，父母還可以利用聲音大小，以及看孩子對聲音來源的反應，來檢查孩子的聽力是否正常。

　　除了音樂之外，這個時期母親的聲音對於孩子有很重要的安定力量，常常跟孩子說話，或是唸故事書給他聽，都是儲存親子關係很好的方式。當然，爸爸也要把握這個孩子一定會乖乖聽你說話的機會，多多溫和的將你的聲音帶給他，讓孩子可以越來越熟悉爸爸的陪伴。

　　小貝比出生十五天左右就具有辨別顏色的能力，剛出生的寶寶雙眼眼珠無法一起固定看著某個物體，在他眼前晃動小玩具，或是掛一些會晃動的玩具，有助於視力發展，因此這時候我會給他一些顏色方面的刺激。

　　在顏色部分，我先選擇最明顯的紅、黃、綠和藍這四個顏色，坊間有賣一些彩色方塊，質地柔軟，甚至按壓還會發出聲音，我常常手拿著這類玩具，對著我的女兒，重複不斷的告訴她：「這是紅色。」「這是黃色。」「這是藍色。」「這是綠色。」……有時還會用英文發音，讓她藉由接近這些顏色，對於探索這個世界又多了色

彩的成分存在。當孩子看到不同顏色時，她其實就已經開始以顏色奠定出分類的概念了。

另外，我還在女兒只能躺著、爬著的嬰兒期買了一個像地墊一般大的布書給她，這種布書上面有各種不同的刺激物，包含了聲音、觸覺和顏色，孩子很喜歡玩這一個遊戲玩具，因為她可以自己去碰觸操作，然後從這些動作中獲得樂趣。

開啟幼兒期的多元智能發展

生理方面

過了一足歲，到上小學之前，女兒開始能走能跳，有了自主行動的能力，對她來說，這世界充滿各式各樣的吸引力。這個階段的孩子對任何事物都很好奇，因此在這時間點我提供給她的玩具和活動都相當多元。

在體能的部分，我盡量讓她可以做全身性肌肉的活動，像是到公園裡玩各種攀爬的遊戲、溜滑梯、盪鞦韆、玩蹺蹺板，這些都是相當好的活動。孩子藉由這些大動作的活動，不僅能鍛鍊肌肉，同時可以刺激大腦不同部位的發展，也有助於情緒、認知理解、語言等發展。

而這時孩子也開始漸漸意識到除了自己以外的他人，在遊戲中培養人際互動的能力，所以這個階段要讓孩子有比較多的機會跟同

儕相處。在過去的社會，家裡多少會有一、二個手足，孩子們在家庭中有兄弟姊妹一起玩耍，甚至吵架，但現代的家庭大多都只生一個，孩子連吵架的機會都沒有，這時父母就得安排一些機會讓孩子學習，不然往後遇到不順自己意時，都可能出現比較大的負面情緒表現，而多帶孩子參加一些有同年齡小孩的家庭活動，除了可以分享當父母的甘苦談，更是幫獨生子女製造同儕互動的大好機會。

認知方面

在這個時期可以**透過玩具幫助孩子練習思考的能力**。

當孩子知道什麼是顏色之後，我就開始給她玩【花片】，這個玩具有不同的顏色，包含了花瓣、花心和葉子，也因此會有很多不同的分類方式。

當我問她：「這是什麼顏色？」孩子會嘗試去回答黃色、藍色、綠色。而要讓孩子能夠了解「顏色」，相對的是紅、黃、藍。當我拿起花瓣問孩子：「這是花的什麼？」她就會以花瓣、花心和葉子的分類來回答我。

剛開始會有一些錯誤，不過孩子漸漸的能夠了解，當我問：「這是什麼顏色？」她要回答的是紅黃藍；而當我問她：「這是花的什麼？」她會回答花瓣、花心和葉子。孩子對於同一種物品會有不同的答案，開始有了一些思考，建立起先了解目的、進而分類的概念，而分類就是邏輯的基礎。

當然這樣子的玩具不是只能夠拿來做分類玩法，有的時候我們會發揮創意，讓孩子拿起花瓣當作太陽眼鏡，或是把花瓣掛在手指上轉，並配上音樂，讓她好像在表演一樣，這也使她同時練習到手指頭的小精細動作。

此外，我也很重視女兒五官方面的刺激訓練，包括觸覺、嗅覺和味覺。

在觸覺上面我提供給孩子很多不同方式的感覺，像是洗澡的時候，我們一起泡在浴缸裡，最喜歡玩的遊戲就是用兩個水勺，一個放了比溫水稍微燙一點的水，另一個放入加冰塊的冷水，我們一邊泡著溫水，一邊玩著「這個是熱熱、這個是好冷」，女兒一手摸著冷水，一手摸著熱水，接下來再感受到身體泡著的溫水，在不知不覺中，她已經對溫度有了實際體驗的感覺。同時她後來也會發現冰塊慢慢變不見了。當孩子看到冰塊不見的時候，我就會告訴她：「冰塊已經變成水水了。」所以在冰塊融化時，她也已經有了物質型態會改變這樣子的概念。

那時我另外還買了一種用木頭裁切成很多不同形狀、不同顏色的玩具。這個玩具也很有趣，除了玩形狀對應遊戲之外，我們兩個最常玩的方式就是把幾個不同形狀的小玩具放在一個袋子裡面，當手伸進袋子，準備拿出某一個小玩具時，我們會猜它是什麼形狀？什麼顏色？我女兒非常喜歡玩這個比賽，很快的她幾乎都可以猜對。

你會很驚訝的發現，孩子的記憶力以及手指的觸覺敏感度非常高，玩這個遊戲的時候，手指頭一邊在摸這些玩具，大腦也跟著飛快地轉，你必須從手指間傳來的訊息，去判斷這是什麼形狀？在判斷形狀之後，還要去回憶這個形狀在記憶裡是什麼樣的顏色？

剛開始玩，我會讓女兒只拿五、六個小玩具放在袋子裡，因為五個元素在我們的大腦記憶中是一個記憶的廣度基礎，若一下子給孩子太多個玩具，她會沒有辦法想像出裡面是什麼，必須循序漸進增加孩子記憶的容量，才能夠在不折損孩子興趣的情況下，慢慢地激發孩子的潛能。

這樣子的遊戲，我當初只是純粹為了能夠給孩子多方面的指尖刺激，沒想到在女兒十一歲時竟然靠這敏感的指尖刺激記憶，依油墨痕跡摸出印在白紙上的字數差異，幫我順利地抽中了大獎！由此可以驗證，像這類刺激持續進行一段時間，其實會在孩子的大腦神經留下一些記憶的痕跡，而當類似刺激再度出現時，孩子自然比較容易上手。

小提醒

■ 安全提供五官、肢體的刺激，讓孩子可以不受限的感受這個世界。
■ 愛的帳戶從現在開始建立，多跟孩子互動就是多存進一些愛，當孩子擁有的愛夠多時，才有勇氣探索、感受這個世界的美好。

跳開資優迷思

資優到底是什麼？

有些父母會覺得資優生可以跳級就不要多浪費時間在學校裡。事實上，適合資優的學習並不僅僅只是跳級，從人的一生發展長遠來看，我們何必讓孩子快速的通過學習階段？除非孩子對於一般學習真的無法有任何獲得，否則跳級與否其實需要審慎考慮。

人生幸福指標
不只是成績單上的數字

學習階段是孩子既單純又容易自己掌握的階段，如果孩子可以因為在學習上所產生的可控制感，發展出對自己的自信、對生命的熱忱，有正確的價值觀，不也是通往人生幸福目標的重要學習嗎？

智力的成分有很多，我們習慣用的IQ測驗只能測出孩子的部分能力，但是一個人的發展，如果僅是從這些部分的能力來判斷，那實在是太可惜了。我寧願給孩子更多的支持和機會，讓孩子充滿熱情、充滿興趣的建立他的人生觀。

所謂資優，過去曾經有許多學者對它提出相關的定義，其中以美國資優教育學者阮儒理（Renzulli）所提出的「資優三環論」最為有名，他認為一個可以稱為資優的人，應該具備：

1、中等以上智力。

2、工作（學習）的努力與毅力。

3、高度的創造力。

所以，如果學習或工作不認真，缺乏耐心與毅力，在阮儒理的定義裡，算不上是一個真正的資優生。

聽聽孩子的意願
有興趣的就讓他去嘗試

我相當認同阮儒理對資優的看法，因此在陪伴孩子成長的過程中，我所重視的是盡量提供孩子感受這個世界的機會，讓她可以有包容寬大的心去接受萬事萬物，藉由多元的學習經驗來探索自己的興趣。

自從女兒出生後，在陪伴她成長的每個階段，我會分別從生理、心理以及認知發展等方面去考量，並且配合孩子本身的意願，只要女兒想要學習的，我都會盡量支持她去觀察、去嘗試。

記得有一次和女兒帶著家裡的狗去看醫生，她一直很仔細的在看獸醫怎麼處理小狗，那認真程度讓獸醫都忍不住問她放假有沒有興趣到診所學習，後來家裡的小狗們大部分也都是女兒在照顧。

關心周遭的人事物
也是資優的學習

還有一次去買臭豆腐，女兒因為太認真盯著老闆炸臭豆腐，老闆還開玩笑問她以後是不是想賣臭豆腐？我認為讓孩子養成對周遭事物敏感、關心的態度，對她來說就是一種資優的學習。

練習知識整合
會讀書也要會思考

～醞釀期（小學階段）～

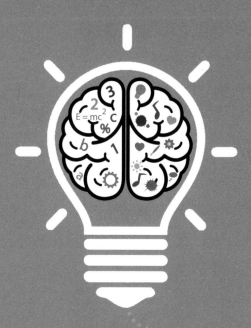

這個階段是為孩子的終身學習建立基礎，讓孩子了解學習是怎麼一回事。因為心智圖法有助於思考力的培養，我希望孩子不只是會讀書，還要能夠會思考，所以有目的的將心智圖法的學習，切割成很多小步驟，讓孩子在遊戲中快樂的學習，漸漸習慣心智圖法，然後可以用它做為知識管理的工具。

◆ 四大核心關鍵及水平思考、垂直思考是心智圖法最基本且最重要的概念，熟練了以後，就可以多方運用。

◆ 陪伴孩子讀故事書，奠定孩子閱讀能力的基礎，從閱讀中培養探究的精神，學習與作者對話，看到問題背後的問題。

◆ 快樂的情緒有助於記憶，讓孩子在遊戲中鍛鍊記憶神經。

◆ 積極規劃參觀活動，累積孩子的知識資料庫，並使用心智圖整理所見所聞，有系統地整合和吸收知識。

◆ 在生活中培養孩子的創造力，透過欣賞兒童劇和音樂會，藉由豐富視覺、聽覺來刺激孩子的想像力。

第2章 思考力up! 從遊戲中學習心智圖法基本概念

　　首先，我們要先來了解什麼是「心智圖法」。簡單地說，它是一種可以有效提升大腦思考與學習能力的方法，主要工具是運用到全腦思考的心智圖。曾獲得諾貝爾獎肯定的美國神經生理學家羅傑‧斯佩里（Roger Sperry）指出：大腦左右兩邊呈現的智力功能有所區別，右半邊掌控圖像、色彩、想像力、空間、韻律及完形等，左半邊掌控文字、數字、邏輯、行列、順序及表單等。後續研究者則發現，雖然左右腦分別主控一些特定的活動，而當大腦在處理事情時是左右腦協調地一起工作。心智圖的製作過程可充分運用大腦左右兩邊的各種功能，讓整張心智圖的表達更完整。

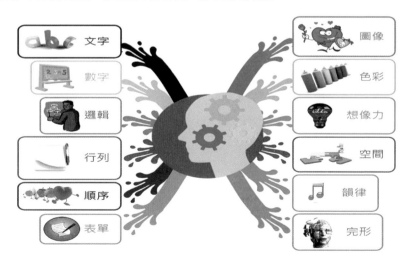

那麼如何製作出一張心智圖呢？我們要先想想，為什麼我們需要畫一張心智圖。

希望幫助理解？

希望增加學習樂趣？

希望能夠容易記憶？

是的，我們就是為了這些原因要來畫一張心智圖，因此想要辨別一張心智圖好不好，就看是否能達到上述目的。

學習畫出有用的「大腦地圖」

很多人都認為心智圖好簡單，不用特別學，人人都會畫；也有很多人在看過心智圖後，會覺得跟自己平常思考時或是讀書時做出來的筆記很像。

沒錯，心智圖就是我們大腦裡的地圖，它將我們的思考圖像化、具體的呈現出來，本來就存在於每個人的大腦中。那麼為什麼我們要學習才能將它畫出來？還記得前面提到記憶的廣度嗎？由於工作記憶的限制，我們通常一次只能處理5～9組資訊，但是我們所遇到的資訊何其多，5～9組的記憶廣度怎麼夠使用呢？因此我們藉由心智圖將所有資訊呈現在一張紙上，方便掌握。

只是資訊繁雜就容易讓我們摸不清頭緒，這時候就需要在呈現所有資訊前，先圈出重要的資訊，將資訊組織結構，看起來才不會過於複雜難懂。這種有效選擇重要資訊與組織結構的能力，並不是每個人天生就會，而是必須經過學習的。

要畫出一張有用的心智圖，必須了解心智圖法的四大核心關鍵，包含關鍵字、分類階層化、色彩及圖像的運用。而在進入四大

核心關鍵之前，我們得先了解什麼是「中心主題」？中心主題就是告訴讀者這張心智圖主要是在說明什麼，用一個概念來含括整篇文章的意思。就是像一本書的書名，看了書名就大概可以知道這本書想說些什麼。

心智圖法的四大核心關鍵

接著我們要來談談這四大核心關鍵的意義，以及如何培養孩子使用四大核心關鍵的能力。

一、關鍵字

心智圖法強調關鍵字的選擇運用，在取捨資訊後，可以精簡資訊量，有助於對資訊的理解與記憶，也更能開啟不同角度的思維。選擇關鍵字，掌握「以名詞為主，動詞次之」的原則，再輔以必要的形容詞或副詞。篩選後，就可以有效精簡資訊。

怎麼幫助孩子有效掌握並運用關鍵字呢？

通常我會告訴學生：「關鍵字就是重點。」只是過去我們習慣畫的重點，常常是把整句話畫下來，感覺每句都很重要，畫到最後往往發現整面都是重點。

我曾經在某個高中第一志願的社會資優班演講，當我請學生們練習將一小段很簡單的國小社會課文重點畫出來時，他們告訴我：「除了『的』以外，其他都畫了！」

這樣的回答是不是感覺很熟悉呢？記不記得我們過去畫重點常常都是像這樣子，所以課本的重點畫歸畫，最後我們還是用參考書來複習功課，因為自己畫的重點不是太多就是看不懂。但參考書列

文章中的重點選取

原住民的生活

　　原住民大多數主要是以狩獵、採集與燒墾來維生，特別是狩獵。但因為自然環境、村落型態的差異，各族的維生方式也會有所不同。

　　社會文化更是各有特色，以家族制度為例，可以分為母系、父系與雙系三類。母系社會在婚姻採招贅方式，子女從母居，家業由女性繼承；父系社會在婚姻採嫁娶方式，由男子繼承家業；雙系社會不分男女，家業採長嗣繼承制度。

　　先閱讀全文，再分段畫重點的方式，比較容易選出精簡的重點。在讀完這一小篇文章後，我們可以了解它其實是在說兩件事，分別是：原住民的生活和社會文化。那麼接下來我們就會分兩個部分來看。為什麼要這樣分開看？因為當範圍縮小，專注力提高，比較容易精準地找出關鍵字，不會為了要串聯文章意思，把不是特別重要的連接詞、副詞都選進來了。

　　第一段在講原住民怎麼維生，很自然會先選擇了主要與差異，在「主要」這部分會有狩獵、採集、燒墾，「差異」的地方在於自然環境和村落型態。而第二段是談社會文化，其實講的是家族制度，我們可以看到下一句就說分成三類，所以選擇母系、父系和雙系為關鍵字，再接著分別說明每一類的內容。

　　像這樣經過理解之後，接下來畫的重點包括：婚姻、子女與家業。母系婚姻是靠招贅、子女是從母居、家業是女性繼承；父系婚姻是嫁娶、家業是男子繼承；雙系在意義上代表了不分男女，所以這個部分就不再畫，家業選長嗣繼承。

的重點其實是依著參考書作者的邏輯整理出來的，硬要記憶也是不容易。就像是穿鞋子，雖然尺寸相同，但不是自己的鞋，穿起來就是不舒服。

在畫重點之前，你必須要先理解整篇文章的意思，排出文章中的輕重緩急，才能夠開始畫重點。左頁我用〈原住民的生活〉這段文章，簡要說明重點的選取，並示範畫出下方這張心智圖。

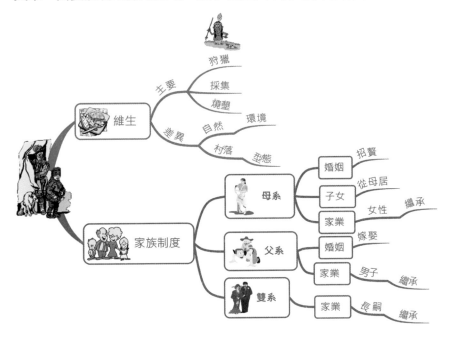

接下來就要將關鍵字靈活組織。為了培養靈活組織關鍵字的能力，我會陪孩子玩【拉密】的遊戲。

拉密是一款排數字的遊戲，規則有點類似中國的麻將，但是簡單許多，只要認識數字，知道 1 ～ 13 排序的孩子都可以玩。我的女兒在大班時就開始接觸這款遊戲。

★【拉密】玩法

將每張拉密牌當作是一個關鍵字,拉密牌會依著持牌者的需要,有的時候是同樣數字擺在一起,這時候要不同的顏色;有的時候又必須照數字順序去排,這時候就要是同一個顏色。

也可能本來是這樣擺法,當持牌者又抽出其他牌在手上時,為了讓牌能夠順利打出去,可能又會重新拆解掉原來既有的擺法,加入新抽出的拉密牌建立新的擺法,唯一必須遵守的原則就是放在檯面上的牌組都要三張以上。

像這樣以將手中的牌盡出為目的,來調整已經出去的牌的遊戲,可以讓孩子養成以目的(中心主題)安排關鍵字位置,並且勇於依新增關鍵字變更原來位置的習慣。

我也會運用孩子小時候的識字卡,跟孩子玩故事接龍的遊戲。

★【識字卡／故事接龍】玩法

隨機抽取幾張卡片,親子輪流以這些卡片來接故事,讓孩子對每個字詞都能夠專注的理解、推敲,進而產出有意義的句子。

故事接龍遊戲除了練習關鍵字的排列，同時也是在為心智圖法四大核心關鍵之二——分類階層化做準備。

二、分類階層化

分類就是邏輯的基礎，而階層的安排更是進一步的邏輯思考。心智圖以樹狀結構為主，網狀脈絡為輔，是一種分類階層化的運用，也就是要找出所有資訊間的邏輯系統。先依「分類」概念區別出資訊之間的屬性，再藉由「階層化」的概念，根據資訊涵蓋的意義範圍分出從屬關係，以同一位階、同一邏輯的原則，整理所有資訊。對於學習者來說，資訊已分門別類建構好，就會比較易懂易記了。

選出關鍵字之後，這些關鍵字對我們來說是一個個片段的詞，很容易遺忘。所以我們接著要把找到的關鍵字進行分類。以前述〈原住民的生活〉這篇文章為例，說明分類階層化的意義：

一開始讀完全文，我們就已經把整篇文章分成維生和家族制度兩部分，與「維生」有關的關鍵字包括：狩獵、採集、燒墾、自然環境和村落型態。接著我們認為狩獵、採集、燒墾是一組，且是同樣一層的概念，而自然環境和村落型態是另一組同一層的概念，不過都是位在維生的概念之下。

然後帶著孩子思考，可以分別用什麼詞來概括每一個概念，從文章中是否可以找出來？

於是我們發現狩獵、採集、燒墾是維生的「主要」方式，而自然環境和村落型態則是造成維生方式的「差異」。因此就以主要做為原住民生活（中心主題）的下一階，狩獵、採集、燒墾的上一階概念詞；差異則是自然環境和村落型態的上一階概念詞。

　　如何在生活中讓孩子透過遊戲學到分類階層化的概念，同時可以練習使用不同層次的概念詞？我最常跟孩子玩的遊戲就是【重新安排菜單】。

★【菜單】玩法

　　我們會收集很多不同的菜單，然後將每道菜的名稱，當作每一個關鍵字，以不同的目的重新安排每道菜的類別。

　　比方說有些餐廳菜單是以飯類、麵類、湯類、飲料類做分類，有些餐廳則會用前菜、主餐、甜點、飲料做菜單的安排。我會跟孩子討論，在什麼樣的情況下，我們會喜歡用哪一些類別安排菜單。

　　模擬「慶祝媽媽生日」情境，我們一家人去到高級餐廳用餐，想要點個人套餐來享用，那麼在個人套餐概念之下的菜單呈現方式就會是以前菜、主餐、甜點、飲料來做菜單的呈現；但如果是快餐店或小吃店，只是想要簡單吃個東西，可能就會直接點麵或飯來吃，這時候飲食店菜單的安排就必須直接以食物類型來做分類了。

　　另外，我也會再用之前玩的識字卡讓孩子練習做分類。

★【識字卡／分類命名】玩法

　　我們會任取三張卡片，分成兩類，並說出分類的原因，接著抽第四張卡片，加入之前的三張卡片裡，然後繼續玩分類命名的遊戲。由此依次增加卡片數量，分類的類別也就越來越多，不過重要的是每次分類都必須說出為什麼要做這樣子的分類。

　　另一種玩法是一次將二十張卡片放在桌面上，直接將這二十張卡片進行分類，再把每個類別裡面的字卡進行再一次分類，以及形

成階層化的概念練習。

　　生活化的學習對孩子來說相當重要且輕鬆，因為孩子本來就在這些物質所構成的環境中生活，以他們熟悉的物質做為學習素材，孩子就會學習得像呼吸一樣的自然。

三、色彩運用

　　運用色彩將心裡對資訊的感受表達出來，可以使學習者在接觸學習內容時，浸淫在這份資訊所要表達的感覺中，有助於提升學習效果。而心智圖藉由顏色區塊位置所形成的空間分配，也可以幫助學習者運用右腦的心智能力幫助記憶。

IIIIIIIIIIIIIIII　玩遊戲 😀💬 做練習 IIIIIIIIIIIIIIII

　　色彩可以帶出文字的五官感覺：紅色熱情、黃色積極、綠色希望、藍色冷靜，多讓孩子藉由不同的【繪本】故事學習繪本裡的顏色安排，是一個不錯的辦法。

★【繪本／顏色安排】玩法

　　繪本《一個不能沒有禮物的日子》描述小熊的爸爸失業了，無法買聖誕禮物送給家人，故事鋪陳流露出家庭成員的擔心與沒有禮物的失落，因此整本繪本使用色調都是淡淡的灰藍色，讓人看了自然生出冷冷淒涼的感覺。

　　我通常會在閱讀繪本之前先跟孩子討論，單看顏色，這可能是一個什麼感覺的故事，增加孩子對於色彩的敏銳度。

一個
不能沒有禮物
的日子

文圖 陳致元

和英出版社

◎ 圖片提供：和英文化

四、圖像運用

以心智圖來思考或學習時，主要運用關鍵字整理資訊或發揮想法，而使用圖像則是為了凸顯關鍵中的關鍵。「一幅圖勝過千言萬語」，藉由圖畫傳達出來的訊息，會比文字更加豐富，能幫助訊息更容易進入長期記憶。

||||||||||||||||||||| 玩遊戲 😊😊 做練習 |||||||||||||||||||||

在圖像的練習上，除了培養信手塗鴉的興趣之外，我還會用【妙語說書人】這套遊戲陪孩子玩。

★【桌遊／妙語說書人】玩法

說書人的卡片非常美麗，每一張圖片都可以說成一個故事，從卡片中我們盡量發揮想像力，藉由一張卡片用一個成語或一個字詞替代的練習，提高概念與圖像連結的能力。從左右腦優勢功能的觀點，圖像的儲存位置是在右腦，屬於長期記憶區，當我們可以把概念用圖像呈現時，不僅能夠增加理解力，記憶力也會提升。

心智圖法的兩大思考方式

心智圖法兩大思考方式是水平（擴散）式思考和垂直（直線）式思考。水平式思考是針對議題擴張思考的廣度，可以提升創造力；垂直式思考則是延伸主題的深度，可以增進推演能力與記憶力。

一、水平（擴散）式思考

把要探討的主題置於中心，再由中心向四周做發散式發想，運用這樣的思考方式，可以培養多角度思考的能力。

‖‖‖‖‖‖‖‖‖‖‖‖ 玩遊戲 😊😊 做練習 ‖‖‖‖‖‖‖‖‖‖‖‖

在唸故事書給孩子聽時，我會做一些水平式思考的練習。比方說，爺爺從外面回來，手上捧了一隻受傷的大雁，這時候我會停下來問孩子：「你認為大雁是怎麼受傷的呢？」

剛開始得到的回答可能是：「被雨淋濕了。」「被風吹下來的。」「太陽太大了。」

這時候孩子的答案因為都是自然因素類的，我就會開始引導孩子往不同方向去想。像是「肚子太餓，所以在天空昏倒了」、「飛的時候沒注意，撞到玉山了」、「被老鷹啄的」等等，嘗試用比較不常出現的答案來刺激孩子思考。爸媽們只要注意引導孩子多方向思考，不要都是同一類別即可。

二、垂直（直線）式思考

從一個題目出發，不斷地延伸、深入發想下去，這樣的思考方式可以培養對問題的推演能力，還能藉前後聯想產生的關聯性提升

記憶能力。

訓練垂直思考、增強記憶力，最好用的練習就是【接龍】。

不管是語詞接龍、成語接龍、故事接龍，都可以讓孩子天馬行空的發揮創造力。在累積到一定數量時，就順著背、倒著背，練習記憶力，一次次增加記憶量，可以擴大孩子的記憶廣度。

學會正確運用心智圖法的四大核心關鍵及兩大思考方式，不僅能讓創意發想無限擴散，更能讓使用者有效率、有系統地將想法收斂落實。

而要能有效地學習，必須採循序漸進的方式：

❶ 大量閱讀，增加閱讀的廣度。

❷ 充分理解閱讀的內容，有系統、有邏輯地管理知識，幫助快速記憶，進而使知識進入長期記憶。

❸ 記憶資料夠多，才能觸類旁通，整合所學內容，活用知識。

在清楚學習這些概念的原因，透過遊戲練習，體會到學習的樂趣後，接下來我們就要以四大核心概念為基礎，帶出心智圖法在學習及生活上的應用。

培養孩子的想像力

3C產品的充斥讓孩子習慣了眼見為憑，它們的速度總是快過大腦的思考，孩子們習慣於聲光刺激，不再願意自己想像，而沒有了想像的空間，容易窄化孩子的想像力。所以我們常聽到孩子在寫作文時抱怨想不出來，面對問題也不知道怎麼解決，只因為他們的想像力睡著了。

天馬行空、不受拘束的想像是進步的動力

想像力是我們人類很好的朋友，當看不到未來時，它可以為我們提供希望。有時候想像力可以排解無聊的時間；有時候它像是給了我們一對翅膀，在不得不留在一個固定地點時，從思緒解放我們的自由。

想像力是人類進步的一大動力，不受拘束、天馬行空的想像，讓我們可以面對模糊未知的狀態。

有意思的想像力練習一定要帶孩子去看兒童劇

那麼要如何培養孩子的想像力呢？我覺得無論欣賞兒童劇或是去聽音樂會都是很好的方式。

兒童劇是一個很有意思的活動，在空間有限的舞台上，看到演員們藉由對白及身體的動作，表演出不只是演員所呈現、傳達的意思，加上我們的想像力，還可以從表演中看到台上演員沒有展現出來的具體事物。明明就沒有出現在舞台上，但坐在台下看戲的我們都堅信自己看到了。所

以欣賞一場兒童劇，其實就像是一場想像力的練習。

紙風車〈101忠狗〉
女兒欣賞兒童劇的起點

我從孩子一歲半的時候開始帶她去看兒童劇，剛開始很擔心女兒是不是坐得住，所以我選擇了紙風車〈101忠狗〉這齣劇碼，做為開啟孩子欣賞兒童劇的起點。

這齣劇裡面有好多隻巨大的充氣小狗，女兒出生之後，家裡就一直有小狗陪伴，她非常喜歡狗，因此我選擇了這齣劇碼。但是我卻忽略了孩子其實還很小，因為過去沒有帶孩子看舞台劇的經驗，為了省錢，我買的位子在滿後面的。

孩子太小、專注力不夠，又坐得太遠，前面演的看不清楚，劇場階梯反而比較吸引她，坐沒多久，女兒就上上下下的爬來爬去，對爬樓梯的興趣遠高於舞台上的表演，為了不影響別人欣賞

戲劇，我不得不提早帶她出場。還好我們出來以後，看到大型的充氣狗狗就排在外面，這時候她才像發現新大陸般的歡呼起來。

有過這次的經驗之後，我就知道既然是要培養孩子懂得欣賞兒童劇，就不要再想著省錢了，從此我買的位子一定都在前五排，孩子從頭到尾都能夠被舞台上的表演吸引住，再也不會動來動去了。

買一張兒童劇CD回家
用音樂啟動孩子的想像力

我認為台灣的兒童劇製作非常用心，舞台上的設計也常常讓我非常驚豔。我記得最清楚的是如果兒童劇團有一齣〈誰是聖誕老公公〉的劇碼，舞台中央一個有階梯的大型道具，依著劇情的變化，會像萬花筒般變化出讓人目不暇給的場景。

每次看完兒童劇，我都會購買他們的CD，回家後繼續放給孩子聽，這樣不僅可以增加孩子對

她所看兒童劇的記憶，還能藉由音樂，運用想像力，在腦中重現當時的表演。

女兒每次欣賞完一齣兒童劇，回到家就會不斷反覆地播放CD，聽音樂的同時，她還可以很清楚的告訴我，這一場音樂是在演什麼，似乎每一幕表演都仍在她的腦海中歷歷在目。

台灣兒童劇製作設計用心
讓觀眾心靈視覺都獲得滿足

對於台灣從事兒童劇的工作人員，我衷心地感謝他們，因為有他們願意在這個領域持續奉獻投入，才能讓我們的孩子不是只有卡通影片可看，只有電動玩具可玩。

往往一場兒童劇看下來，無論大人小孩都可以獲得心靈視覺上的滿足。女兒從小看戲看到大，欣賞兒童劇已經變成一個習慣，到現在每年都還要固定看個幾場，不然她還會提醒媽媽好久沒看兒童劇了！

提升想像力層次
沉浸在音樂會中專注聆賞

聽音樂會是想像力的層次提升。從音樂的節奏韻律去刺激孩子的想像感受，而且相對於兒童劇，音樂會較為靜態，更能培養專注力。整場音樂會，孩子不能說話，只能用心的聆聽，沉浸於音樂中，發揮想像的空間。

當然我所選擇的音樂會也會在表演曲目穿插一些孩子曾經聽過的音樂，如此一來，孩子就會比較容易接受。聽到自己所熟悉的音樂，女兒臉上就會出現他鄉遇故知的笑容，然後專心的聆聽，這時候就讓她去感受不同音樂風格的呈現。

因為有相同經驗而充滿興趣的接受，跟之前提到的同化與調適是一樣的原理，都是用孩子曾經學過的東西做為基礎，擴增自己知識庫的容量。

第**3**章 閱讀力up! 用心智圖法概念 陪孩子讀繪本故事

　　基於發展多元智能的觀點，前面章節已經跟大家分享了我在女兒小時候選擇玩具的考量，在這一章裡面我要談的是父母學了心智圖法後，對孩子在閱讀的陪伴上有些什麼不同。

從閱讀能力培養深度思考的能力

　　了解心智圖法的四大核心關鍵並熟悉如何使用之後，我們就要進入怎麼把這樣的概念運用在學習上。

　　首先是閱讀部分，在孩子小的時候，父母常常會為他們唸故事書，大多數的情況是我們唱作俱佳的把故事書唸完而已，但是如果做父母的懂得活用心智圖法的概念為孩子唸故事書，你將會發現自己看繪本的眼光不再是直線式的，而是變得立體，同時也幫助孩子奠定了寫作文的基礎，增加閱讀的理解力。

製作繪本心智圖的要訣

　　運用心智圖法畫出繪本筆記，呈現出繪本中想要表達的情意是非常重要的。製作繪本心智圖有一個很重要的要訣，就是只看中心

主題及各個分類，就可以構成這個故事的大綱。但是很多人只會運用心智圖做為分析文章內容的工具，卻忘了當這些關鍵字組織起來時，必須要是能夠從脈絡中，呈現出這篇文章所要表達的意涵，否則就失去心智圖法在理解文章的功能了。

不同階段畫出的《愛心樹》心智圖

就拿《愛心樹》這本繪本來說吧！

這本繪本其實包含了非常多的感情在裡面，閱讀時我們多少都可以感受到愛心樹就像父母一樣，無怨無悔、不求回報地回應小男孩各種需求。只要小男孩出現在愛心樹的面前，她就感到無比快樂，就算到最後她將一生都奉獻給了小男孩，僅剩下樹根，每當小男孩又回到她面前，她便張開她的所有，提供給這個已經長大的小男孩。而從每一次愛心樹問小男孩的話語中，我們可以知道，在她眼中小男孩永遠是小男孩。

這本繪本很明顯是要展現出父母對孩子的照顧是多麼的無私與奉獻，因此在心智圖筆記當中，我們會希望能夠呈現出這樣的感覺。如果從分析的角度來看這個故事，大部分的人可能很容易就會畫出像56頁那張心智圖。

《愛心樹》繪本心智圖（一）

這是畢業於彰化師範大學、目前在台南教書的佳慧老師，她在剛學習心智圖法之後所做的繪本心智圖。從這張心智圖中可以非常清楚看出《愛心樹》故事進行的節奏，就是**小時候**、**長大**、**要錢**、**要房子**、**要遠行**，最後是**要休息**。哇！這一路寫下來，是不是立即

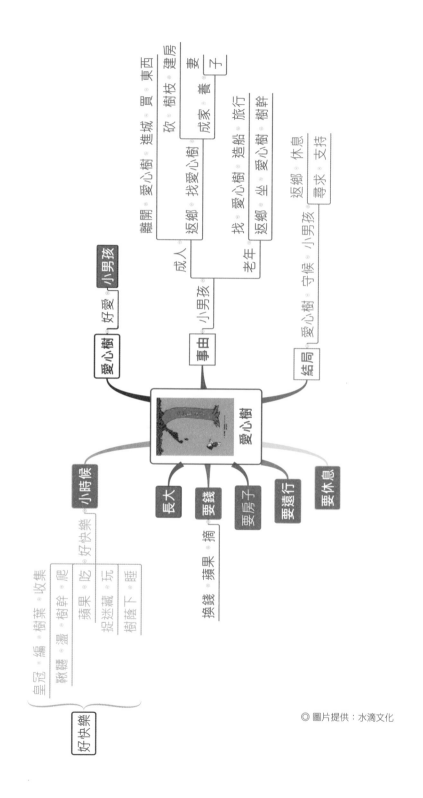

愛心樹

愛心樹 → 好愛 → 小男孩

事由 → 小男孩
- 成人：離開・愛心樹・進城・買・東西／返鄉・找愛心樹・砍・樹枝・建房／成家・養・妻子
- 老年：找・愛心樹・造船・旅行／返鄉・坐・愛心樹・樹幹

結局 → 愛心樹・守候・小男孩／返鄉・休息／尋求・支持

小時候 → 好快樂：皇冠・編・樹葉・收集／鞦韆・盪・樹幹・爬／好快樂・吃・蘋果／捉迷藏・玩／樹陰下・睡

長大

要錢 → 換錢・蘋果・摘

要房子

要遠行

要休息

好快樂

◎ 圖片提供：水滴文化

看到了小男孩的成長？不過我們無法從中感受到愛心樹對小男孩無怨無悔的愛，也無法看到小男孩有愛心樹是多麼的快樂。

《愛心樹》繪本心智圖（二）

　　於是佳慧老師嘗試以分類階層化的概念，將小男孩的成長歷程分為**童年**、**成人**和**老年**，並且在每一個分類之後，說明每個時期小男孩的一些行為，最後我們看到了愛心樹對小男孩的**守候**。但是在下方心智圖中仍然無法感受到繪本故事裡面想要傳達「愛」的感覺。

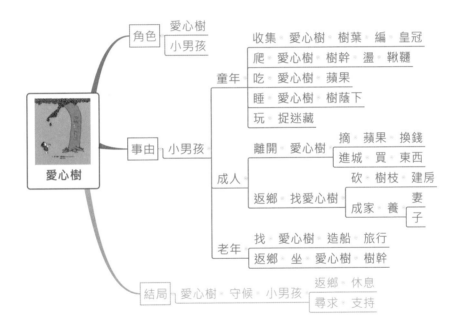

《愛心樹》繪本心智圖（三）

　　因此我們繼續思考，到底繪本作者主要是想表達什麼？而在反覆看了很多遍之後，終於了解到「對孩子無私的愛」這個概念，確實是作者想要告訴大家的。愛心樹就像父母一樣，永遠無條件的

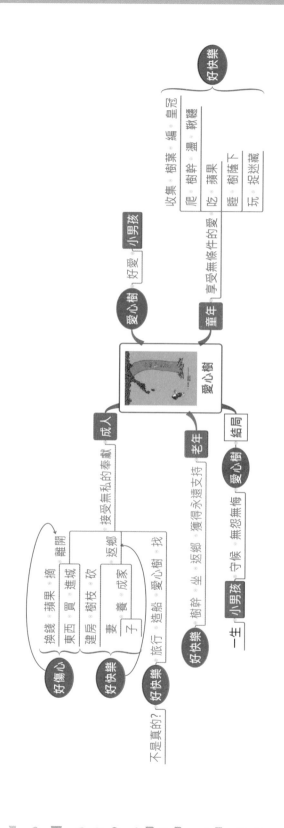

接納她眼前這個孩子，不管他在什麼樣的階段。從這一個方向去思考，最後我們完成了58頁這張繪本心智圖。

你可以發現，這張心智圖當中，在每一個分類之後，都加上了陳述小男孩行為的幾個階層，用來說明小男孩從愛心樹這邊所獲得的愛、奉獻與支持。

如果在一張心智圖中，愛心樹和小男孩一直輪流出現，會使得畫面顯得非常繁雜，而且不容易分辨。所以我們用橢圓形代表「愛心樹的心情」、用長方形來代表「小男孩的成長歷程」。如此一來，在這張繪本心智圖的畫面中就可以非常清楚看到愛心樹和小男孩彼此的互動。

用這張心智圖陪伴孩子閱讀繪本時，可以在每一個「愛心樹的心情」這個地方停下來，讓孩子想一想為什麼愛心樹會有這樣的心情呢？由於心智圖已經將關鍵重點呈現在一張紙上，孩子很容易掌握故事的全貌，就能夠串起「愛心樹的付出」、「小男孩的獲得」與「愛心樹的心情」，並且連結到父母對自己無微不至的照顧了。

《你很快就會長高》不一樣的心智圖

掌握文章的主要概念之後，心智圖還可以發展成不同的樣子。

我家有一本很可愛的繪本，書名叫做《你很快就會長高》，描述一個小男孩因為覺得自己身高不夠高，感覺到很困擾，到處在找人問說要怎麼樣才能長高？

如果照著故事的節奏，我們會看到孩子去找媽媽、爸爸、姐姐、老師問，最後長得很高的叔叔以過來人身分告訴他一個秘密，其實長高也不見得全是好處，也會有一些壞處。

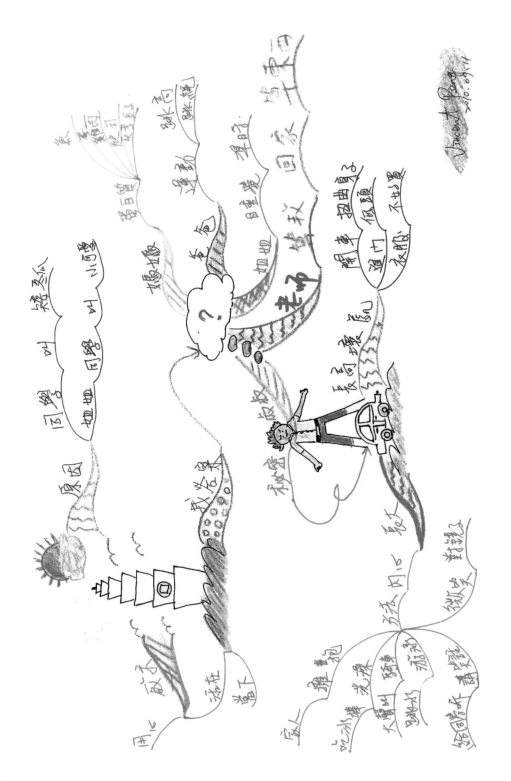

桃園大園國小彭文松老師將故事畫成60頁這張心智圖，由於上面只寫了關鍵訊息，因此可以將有用的資訊同時展開，從媽媽、爸爸、姐姐和老師的答案裡，我們會發現到，哇！這其實都是這些人平常對小男孩說的話。所以在共讀繪本時，父母可以陪孩子一起看著心智圖，繼續討論為什麼這些人會對同一件事說不同的話？讓孩子了解因角色不同，對同一件事情的看法是會不同的。

　　此外，這張心智圖也可以看出是一個很不錯的寫作範例。怎麼說呢？通常一篇四平八穩的作文會包含「起」、「承」、「轉」、「合」四個部分，以《你很快就會長高》這個故事來說：

- 小男孩不喜歡大家對他的叫法是「起」；
- 小男孩開始去找答案就是「承」；
- 叔叔告訴小男孩長高也有壞處就是「轉」；
- 叔叔把前面的人給小男孩的回答作一次整理，並加上保持心情愉快，就是「合」。

　　在啟示這個分支之下，可以讓孩子練習以一句話說出對這個故事的感覺。繪本的閱讀加上心智圖的呈現，孩子就會比較容易了解故事的結構安排，讓孩子看著這張心智圖簡單的重新講一遍故事，同時也可以讓孩子學會簡述文章大意的方法。

　　順帶一提，有很多家長有個迷思，總認為看得多就自然會寫，愛看書的孩子不用擔心作文寫不好。殊不知寫作能力如果沒有經過培養，是不容易自然發生的。一般而言，看故事書就是逐字的看下去，浸淫在想像的空間，但是寫作必須經過思考，要能主動的產出想法，跟只是看進書的內容有很大的不同，這也就是為什麼整天抱著《哈利波特》、《波特萊爾的大冒險》埋頭猛K，寫作文時卻仍然腸枯思竭，半天擠不出一篇文章的一大原因。

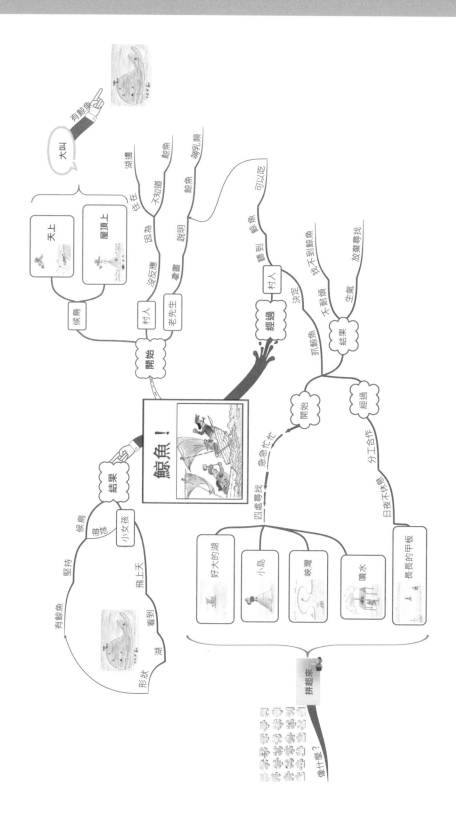

鯨魚！

開始
天上
屋頂上
候鳥
村人
老先生

大叫 有鯨魚
住在 湖邊
因為 不知道 鯨魚
沒反應
拿書 說明 鯨魚 哺乳類

經過
村人
聽到 鯨魚 可以吃
決定
不耐煩 抓鯨魚
生氣 放棄尋找
找不到鯨魚
結果

開始
急急忙忙
四處尋找
好大的湖
小鳥
峽灣
噴水
長長的甲板

經過
分工合作
日夜不休息

拼起來
像什麼？

結果
候鳥
小女孩
游泳
堅持 飛上天
有鯨魚 看到
形狀 湖

描述歷程的《鯨魚》故事心智圖

　　《鯨魚》這個繪本故事主要在敘述，從不知道鯨魚是什麼，到最後說明鯨魚原來是什麼的歷程，所以我們將左頁這張心智圖分成**開始**、**經過**和**結果**來進行。

　　每個故事都有開始、經過和結果，但是在繪製心智圖時，不能完全就這樣套用去分類故事內容，因為這樣的分類不見得是每個故事要傳達的重點，繪製故事心智圖要依故事所要表達的主要內容與目的來分類。而《鯨魚》的故事內容可以從發生事情的時間順序來說明，因此在心智圖的分類上採用開始、經過和結果。

　　首先簡述故事發展大意：一開始候鳥在天上大叫有鯨魚，然後村裡的漁夫們，因為沒聽過鯨魚，所以不在意。這時候有個老先生拿出鯨魚的圖片，正要開始說明時，漁夫們看到魚的形狀，還聽說鯨魚可以吃，沒有繼續聽老先生解釋，就急著要出發捕鯨魚了。接著故事描寫村人捕鯨魚的心情，從開始急急忙忙地到處找，到最後因為找不到而生氣放棄。但當候鳥帶著小女孩一飛上天，我們才終於知道，這鯨魚其實不是魚，而是大湖的形狀。

將故事畫成心智圖的重點

　　要將故事內容畫成心智圖，我們就必須擷取有效的資訊，就像前面章節所提到的，將關鍵字組織起來。當然繪本心智圖不需要像做讀書筆記一樣，精準地找出關鍵字，不過還是要把能夠描述故事內容的主要詞語或感覺表達出來。

　　因此在「開始」的分類裡，我們決定的主要上場角色有**候鳥**、**村人**和**老先生**，並在後面繼續角色描述。

接下來就是以「經過」來描述村人的行為了。

我們其實可以看到作者層次分明的描寫村人的反應，從不知道鯨魚是什麼，所以沒反應，到認為是魚，所以要抓魚。不過他們沒有聽到老先生在說什麼，就急急忙忙要開始找，完全沒有章法；接著大家決定分工合作，輪流值班看鯨魚何時出現；然後慢慢不耐煩了，因為一直找不到鯨魚；後來就生氣了，放棄繼續找下去。

最後「結果」安排候鳥帶了一個小女孩飛到高處，往下一看，鯨魚就在那！

雖然尋找過程看似沒章法，作者卻很巧妙地從村人找的地點，慢慢勾勒鯨魚的形狀，但因為湖實在太大了，村人就像瞎子摸象一樣，抓不到頭緒。這就是本書作者隱藏在書中的秘密。父母如果用心智圖法帶領孩子閱讀，就可以在村人的每個尋找處，特別提醒一下孩子，然後跟孩子像玩拼圖般地把這些元素拼起來，陪著孩子從中發現推理的樂趣。

這張心智圖裡有幾個重點一定要出來：
• 第一個就是要選對角色，站對位置，以便呼應後面的結果；
• 第二個就是從村人找鯨魚的過程帶出鯨魚形狀及情緒變化；
• 第三個就是整個故事的情節發展，以開始、經過和結果來形成心智圖的主架構，而在村人決定抓鯨魚的「經過」這一大類內容中，再以開始、經過和結果這個次架構說明抓鯨魚的過程，這是一種很重要的邏輯分類思考訓練。

在心智圖的呈現上，為了區分架構標題與文章內容，這張《鯨魚》的故事心智圖當中，以雲朵樣式來代表主架構與次架構的開始、經過和結果。

找出脈絡關係，連連看

仔細看62頁那張心智圖，上面拉了很多條帶箭頭的連結線，其實思考最重要就是要能夠知道脈絡之間的關係，我們平常閱讀時，往往就是從頭到尾看下去，了解故事發生的情節，但是卻少有機會去思考為什麼會這樣發生？或是去揣摩作者安排這些事件的發生到底有什麼用意？藉著心智圖法關連線的出現，我們就可以跟作者對話，發掘故事中沒有明講的意涵。

以心智圖法媒介繪本間的關聯

除了可以深度了解繪本、與作者對話，善用心智圖法還可以看到不同繪本之間的關聯，發現同一作者系列出版品中的脈絡，將不同繪本搭配閱讀，發現一加一大於二的弦外之音。美國圖畫書作家艾瑞‧卡爾（Eric Carle）的《好餓的毛毛蟲》和《好安靜的蟋蟀》這兩本繪本就是很好的例子。

艾瑞‧卡爾所創作的繪本作品中，《好餓的毛毛蟲》是一本大多數父母在孩子非常小的時候都會唸的繪本。原因可能是這本繪本非常美麗，顏色鮮豔，圖案清楚又大，而且故事中除了有很簡單的123數字順序，同時也有數字量的呈現。像是「星期一吃一顆蘋果」、「星期二吃兩顆梨子」、「星期三吃三顆李子」，藉由這樣的安排建立了孩子們知道數字順序，並且越來越多的概念。

但是當我用心智圖法畫出這本繪本的架構時，我非常驚訝的發現，原來這本故事書不只能用在幼兒階段教他簡單的數字概念，更可以教孩子毛毛蟲完全蛻變成蝴蝶的變態歷程，所以我用了出生、成長、結繭和羽化做為繪本內容的分類。

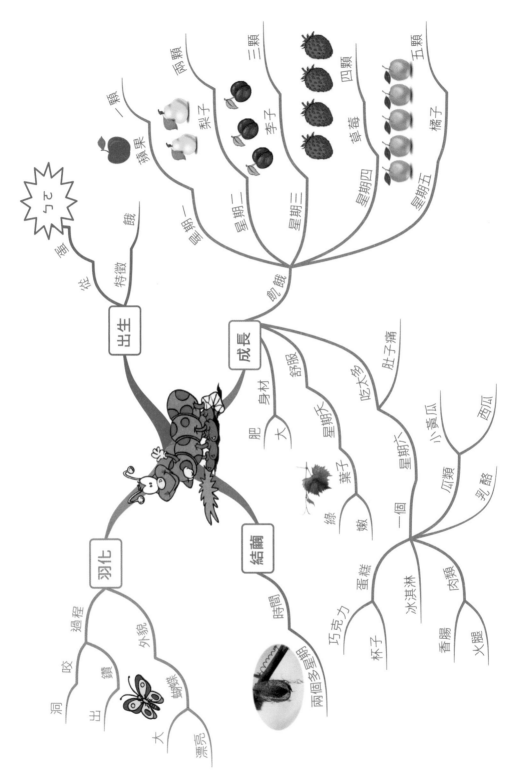

出生

從
特徵
餓
屆　2ㄥ

星期一
蘋果
一顆

星期一
梨子
兩顆

星期二
李子
三顆

星期三
草莓
四顆

星期四
橘子
五顆

星期五

成長

身材　肥
大　舒服
星期天
吃太多
肚子痛
星期六

葉子
綠　嫩
一個
小黃瓜
西瓜
瓜類
乳酪
肉類
香腸
火腿
冰淇淋
蛋糕
巧克力
杯子

結繭

時間
兩個多星期

羽化

過程　咬
外貌　鑽
洞　出
大　漂亮
蝴蝶

一幅圖勝過千言萬語，心智圖的中心主題通常會使用圖像來代表整個故事最重要的概念，同時也便於記憶。接下來的類別部分就會是整個故事的脈絡。其實一張好的心智圖，單看中心主題和各類別之間的關係是否能掌握故事大綱，就能夠判斷出這張心智圖是不是一個有效的心智圖。

　　左頁這張《好餓的毛毛蟲》繪本心智圖中，我將故事分成出生、成長、結繭和羽化四個分類，再將故事情節詳細的說明了，在從毛毛蟲蛻變成蝴蝶的歷程當中，每一個階段都在做些什麼？爸爸媽媽在唸故事書的時候，如果能夠帶著孩子做這樣的說明，孩子很容易就能學會怎麼抓重點、說出大意。

　　在國小的學習裡，孩子最頭痛的國語課活動之一，就是要說大意。很多孩子很難用少少的話來說出課文內容，其實這就是摘要的能力，就是講重點的能力。說話能夠說到重點，是與人溝通時很重要的一環，若是沒有學會說重點，就有可能讓聽的人產生誤會，而這樣的能力要從小培養，心智圖就是一個可以有效培養理解力、溝通力的工具。

　　在製作完《好餓的毛毛蟲》這本繪本的心智圖之後，我發現它和另一本《好安靜的蟋蟀》其實可以搭配一起閱讀。我們接著來看看《好安靜的蟋蟀》心智圖是怎麼製作的。這個故事是在說有一隻蟋蟀從蛋孵出來之後，就一直想要發出聲音，但卻始終沒有辦法發出聲音。他問所有遇到的昆蟲，他們是怎麼樣才能夠發出聲音，但聲音還是都發不出來。最後他遇到了一隻母蟋蟀，他好高興他終於可以發出聲音了。

　　各位爸爸媽媽們，你看出端倪了嗎？為什麼《好餓的毛毛蟲》要和《好安靜的蟋蟀》搭配一起閱讀呢？

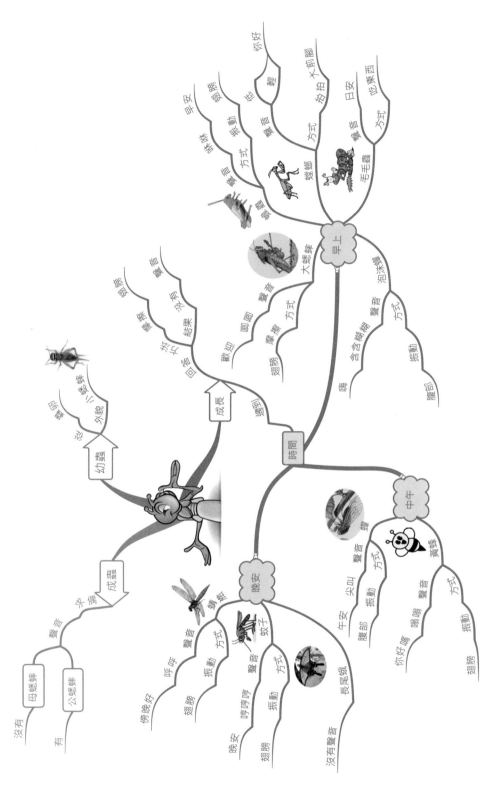

從66頁和68頁兩張心智圖，你可以明顯的看到毛毛蟲是怎麼長大的？牠的成長是屬於完全變態。但是蟋蟀呢？蟋蟀是怎麼長大的？蟋蟀因為沒有結繭，長大不會變成另一個樣子，屬不完全變態，而這可是國小三年級自然課所教的東西呢！但是當我們用心智圖來講故事的時候，孩子直接比對兩張心智圖的結構，再加上我們的引導，就可以很清楚發現兩種昆蟲成長方式的不同。

回溯思考昆蟲分類的過程

在《好安靜的蟋蟀》裡，蟋蟀遇到了好多好多其他昆蟲，在製作心智圖筆記時，這麼多的昆蟲讓我非常頭痛。為什麼呢？我常常跟孩子說，任何的東西只要三個以上，就能夠有分類的理由，而分類也可以幫助我們有效記憶，因此要盡量讓每個分類的東西不要超過七個。哇！你看到這蟋蟀牠碰到了十個其他昆蟲，我認為應該要對這些昆蟲做分類。

一開始我認為牠們可能是發聲部位不同，於是我做了以「發聲部位」為理由的分類：

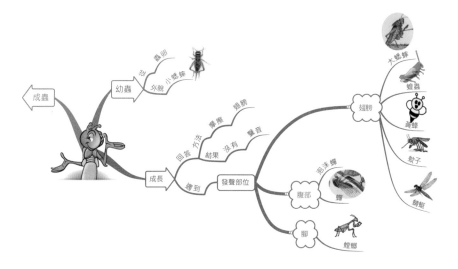

但是做完又發現好像不是這樣，因為在這樣分類下，看到怎麼有一個類別（翅膀）的昆蟲這麼多呢？看起來不太對勁，於是我嘗試著做另一個「發聲方式」的分類：

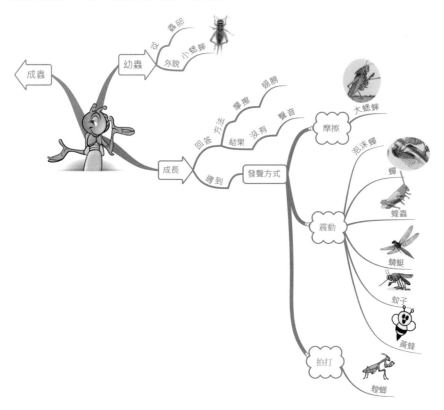

後來又發現這樣也不太對，於是我又嘗試了第三種以「出現時間」來分類，分成早上、中午和晚上，終於順利完成68頁那張《好安靜的蟋蟀》繪本心智圖。

各位爸爸媽媽們，你們看！這分類是不是能夠相當刺激思考？我要做出正確分類，就必須知道被分類對象彼此間的相同性和相異性，為了分類不斷地進行思考，不斷地重新組織大腦資料庫裡對每

一個生物的認識。另外還要注意到，任何一個作者在寫故事的時候，必定是採用結構四平八穩的寫法，因此不太可能會出現某些部分的分量超多，某些部分分量過於少的情形。

綜合這麼多的考量，都在製作《好安靜的蟋蟀》這張心智圖的歷程當中產生，最後我選擇了以時間的出現順序來分類。我再重貼一次縮圖讓大家比較，看看！經過這樣的分類，是不是看起來比較平均，也更具有美感呢？

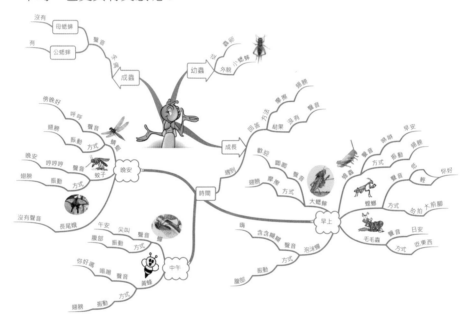

對於低年級來說，老師們常常會使用繪本做為正式閱讀的橋樑書，學校的愛心媽媽們也會到學校為低年級的孩子唸繪本故事。但是我們可以不只是唱作俱佳的把故事唸完而已，如果學會使用心智圖來協助繪本的閱讀，依據心智圖法四大核心關鍵和水平垂直的思考方式，將可以協助學生們提升閱讀力和理解力，同時也能夠激發孩子的創造力。

第 4 章

記憶力up! 有趣又吸睛
圖像記憶也能這樣玩

再來我們就要開始用心智圖法幫我們增加記憶了。

首先必須了解一下記憶，就像我們啟用手機前，總是要先對手機的功能有一些了解，知道怎麼使用之後，才能夠將手機功能發揮出來，記憶也是一樣的。

了解人類記憶的三種類型

一般來說，我們的記憶依保留時間長短，分成三種層次的記憶，分別是感官記憶、短期記憶和長期記憶。

感官記憶

感官記憶就是我們的五官接受到訊息，在腦海所形成的記憶，像是看到、聽到、聞到或感覺到等。因為感官記憶停留時間很短，就會出現左耳進右耳出的情況，有些時候我們甚至可能會忽略掉。

感官記憶量很有限，大腦每次只能對感官記憶裡的刺激做一些反應，多了就沒有辦法同時處理了。如果我們想要將感官記憶的東西儲存起來，首先這些訊息就必須先得到我們的注意力。注意力是

決定我們感官記憶中什麼樣的訊息要保存，而什麼樣訊息會消失的重要因素，因此想要增進記憶力的第一個步驟，就是要先提升自己的專注力。

短期記憶

當感官記憶裡的訊息被注意到，接著就會進入短期記憶系統。短期記憶也是有容量的，通常大部分的人就是7±2（5～9）的資訊，很少人能夠超過9個訊息，因此如果你想要記住，最好不要一次記超過7個訊息。但是我們要記的東西何其多，絕對不可能只有7個，那麼該怎麼辦呢？

我們發現大腦有一個很有趣的現象，就是7±2的單位可以是「個」，也可以是「組」。如果我們將訊息做一些組織，讓好幾個成為一組，就可以增加記憶量了。

而要能夠增進記憶，最簡單的方法就是先將訊息分類，然後分門別類的儲存資料。就像是拿粽子一般，如果我們要拿分散的20顆粽子，我想兩隻手都捧不起來，但若把這20顆粽子綁成一串，用一根手指頭就能夠勾起這串粽子了。記憶也是一樣。我們必須先把訊息進行分類，再根據短期記憶不要超過7個的原則，掌握類別裡的訊息量，那麼就會比較好記了。

長期記憶

長期記憶可以讓我們記住很久，從幾分鐘、幾小時、幾個月，甚至十幾年都有可能。而且這中間即使都沒有再複習過，大腦也能夠將這些訊息記住。

就像是有一天你走在路上，看到了一個你覺得非常非常熟悉的

人，雖然你知道那個人是你的同學，不過你卻無法叫出他的名字，當下你想了半天也想不起來。可能隔幾天，也許你正在洗澡，也許你正在吃飯，但是你會突然「啊！」一聲，想出了他的名字。

過程中你根本沒有去找任何關於他是誰的資料，不過你就是突然想起來了，原因就是這個人的名字其實已經儲存在我們的長期記憶裡面。但可能也有人會說：「我並不是每一次都能夠找到，想起他是誰呀！」是的，因為我們的長期記憶容量遠比我們所想像的大，幾乎是沒有限制的，所以任何的東西都可以放進長期記憶裡面。

而可以儲存的量這麼大，如果沒有組織過，就很難在瞬間把你想要知道的資訊提取出來，就像是我們東西亂放，想要立刻找到，卻忘記它放在哪裡，需要花非常長的時間，才能夠把那個東西找出來，甚至可能找不到，只好自我安慰說想出來就會自己跑出來了。

其實亂放東西所造成的損失，還不如一開始就將這些東西先組織好再儲存。

心智圖法掌握記憶原則進行步驟

從前面對感官記憶、短期記憶和長期記憶的簡單介紹裡，你有沒有發現：要增進記憶力，重要的就是要先注意到訊息，進而組織訊息，然後分門別類的放置訊息，需要時才容易提取訊息來使用。

心智圖法掌握了先提升感官記憶的注意力，然後在短期記憶中進行分類，接下來找出類別的脈絡，分門別類的放置訊息，這些步驟就是以記憶原則來進行的。從心智圖法的四大核心關鍵來看，選擇「關鍵字」就是先將不必要的資訊去除，留下有效重要的訊息，以減少記憶的負荷量。

接下來的「分類階層化」就是將訊息分門別類的組織、放置。在組織訊息時，每一類的細項最好不要超過7個才會容易記憶。

> 在文章筆記的心智圖製作中，第一個步驟必須全覽整篇課文，然後問問自己，所看到的這些資訊可以分成幾個大類別？然後那個大類別中，是否還能夠分成幾個中類別、甚至是小類別。

　　在分類的過程當中還需要對每一個關鍵字進行了解，才能夠正確將這些關鍵字做出分類。心智圖筆記會吸引小朋友喜歡使用的一個重要因素就是插圖，但那並不是隨意亂加。插圖在心智圖法的使用原則是在特別重要的關鍵字旁邊加一個與內容能產生聯想的圖像，目的是凸顯重要訊息的位置所在來提升注意力，並透過圖像的意象增加對文字內容的感受性，強化記憶的效果。

語意記憶與情節記憶

　　陳述性記憶是人類長期記憶形式的一種，它指的是能夠明確想起某個事件或事實的一種記憶，可分為語意記憶和情節記憶。

　　從維基百科的解釋，語意記憶與抽象知識相關，用來儲存獨立於個人經驗的一般事實性知識，像是東西類別、國家首都等；而與個人經驗有關的則是情節記憶，用來儲存附加於特定事件的觀察性資訊，例如想起小學參加演講比賽的經驗、選購紀念品時的情境、聞到熟悉的家鄉菜回想起媽媽煮菜的畫面。像這些因記住發生事件時刻的記憶就屬於「情節記憶」，而人們詳盡地回顧所關切的過往事件，可以將一些無意義的資訊串聯起來。

從人類大腦生理的角度來看，2014年諾貝爾生理與醫學獎得主約翰‧奧基夫（John O'Keefe）發現大腦內部GPS，使我們能定位空間所在位置，並證實腦部有些神經細胞負責高階認知功能。

位在大腦特定區域-海馬迴的特定類神經細胞總是被活化，當轉換至其他的位置時，則轉而活化其他神經細胞，這些位置細胞就形成房間的空間輪廓。

二千年前的古希臘人雖然不知道大腦內部的運作歷程，但卻運用了房間的空間記憶法，以不同房間中的不同擺設，將想要記憶的訊息結合，運用這些擺設來做為資訊提取時的暗示。另外，還有以身體掛勾的方式，將所要記的東西掛在身上，回想時只要看到或摸到當初在記憶裡掛東西的身體部位，就會很容易回想起來。

因為心智圖筆記是以圖解方式，從中心主題向四周以360度展開，不像一般其他的筆記都是以條列方式呈現，缺少了空間位置的變化，因此在記憶心智圖的筆記時，就可以運用到空間記憶能力。

情節記憶被認為是一個能夠提供語意記憶的基本支持系統。例如，警察透過車禍事件相關當事人所提供的陳述，雖然過程有些是片段的，但可以建構出整個事件的來龍去脈。

　　心智圖法中的關鍵字形成了語意記憶，而將語意記憶脈絡化後，便形成與關鍵字相關的情節記憶，如此一來就能將關鍵字放進長期記憶了。因此為了提升記憶力，我們必須多培養創造力、說故事的能力，以便能夠發揮想像力，串聯關鍵資訊。

　　除了了解記憶的類型之外，要增進記憶的方法還有一個千古不變的原則，就是不斷的練習。當我們重複不斷的練習之後，訊息反射就能夠進入我們的長期記憶，也就不會遺忘了。

圖像可以有效幫助記憶

　　我們不斷強調「一幅圖勝過千言萬語」，圖像中能夠包含很多沒有說出來的資訊，當我們在看到圖像時，會對圖像做很多的解釋，要記憶時也可以把資訊轉成圖像，從圖像所透露出來的脈絡，就可以幫我們從語意／情節記憶的方向進入長期記憶。

就像前頁那張圖片其實代表著一首唐詩，仔細看就可以猜出來這是柳宗元的〈江雪〉。

　　千山鳥飛絕，

　　萬徑人蹤滅。

　　孤舟簑笠翁，

　　獨釣寒江雪。

　　孩子要背誦這首詩，但只是朗誦記憶實在不有趣，於是他將五言絕句的二十個字以一幅圖畫呈現出來，我們可以很清楚的看到孩子發揮創意：

　　解釋開頭的「千山鳥飛絕」這一句，首先他畫了很多座的山，而且每座山頭都有靄靄白雪，告訴我們這些山群的高大壯闊，以及當時的季節是冬天，以呼應最後一句「獨釣寒江雪」的溫度感。因為詩中說有鳥，可是鳥卻早已飛不見了，像這樣子一個連續性的畫面，他如何在靜態的圖案中呈現出來呢？這就需要有很多的想像力了。這個孩子很可愛，他將鳥畫成小天使從棺材裡往天上飛，直接暗示本來有鳥，但現在這些鳥都不存在了。

　　第二句是「萬徑人蹤滅」，他用一條長長的路，曲曲折折的告訴我們這條路有多長，但是卻一個人都沒有。

　　接下來畫了一個穿著簑衣、戴著斗笠的釣魚人，獨自在江上釣魚，表示第三句的「孤舟簑笠翁」。

　　最後一句是「獨釣寒江雪」，這孩子要如何在這一幅圖畫裡面表達出寒冷江面飄著雪的溫度感覺呢？看，這個孩子真是太有創意了！除了以白色山頭來說明大雪紛飛覆蓋千山之外，他在水面上畫了一個小鬼飄過來，因為我們常會說當有鬼出現的時候，就會感到有一股寒意（在這裡也可以看到運用主動式思考的有效學習，必須

要能夠連結自己獨特的過去經驗），用來反映作者柳宗元被貶謫永州以後，倍感孤獨的心理狀態。

這個孩子以視覺圖像的方式，融入個人獨特的生活經驗，來呈現一首唐詩，是不是既有趣又容易記起來呢？

以圖像背誦累積記憶資料庫

要把作文寫好，先要有很多材料存放在大腦裡面，創作時才有素材可以取用，所以要寫出好作文必須先背誦許多好文章。古時候的人讀書，一開始也是以背誦為主，但我們現在其實很少做背誦的工作，因為背誦需要花非常多的時間，大部分的孩子沒有耐心做這樣子的事。

其實我們同樣可以運用心智圖法的方式來幫助背誦文章。在我小的時候，父母要求我背誦國語日報優秀短文，長期下來，這些記過的東西，甚至是文章的架構，自然而然的儲存在我的記憶中，後來寫作文也都還滿順利，高中、大學升學考試的作文還常常幫我加分呢！

因此，我覺得背誦短篇的優秀小品是提升寫作功力的好方法，也希望女兒能夠用這樣的方式幫助自己提升作文能力。但女兒是新時代的人類，向來對於直接背誦一篇作文沒有興趣，而且覺得非常無聊。這時候我就會帶著她一起討論這篇作文，協助她先對文章進行理解（為求進步，我們通常會選略高於她目前能力的文章來讀）。

理解完後，接著問她：「這可以用什麼樣子的圖像來幫助妳記住呢？」前面曾經說過，圖像是能夠增加記憶很重要的一個元素，於是我就鼓勵女兒畫成圖像，透過圖像來記住這篇文章。

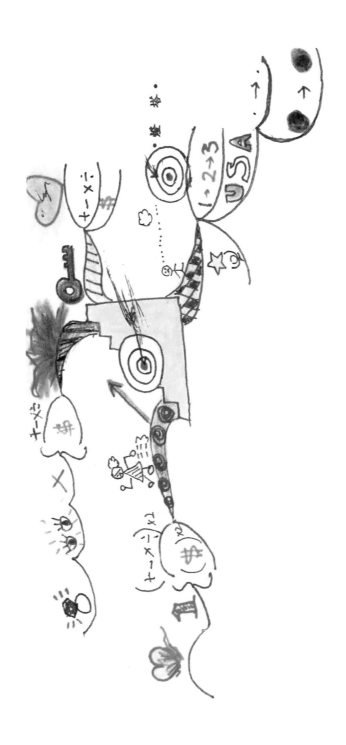

親子合作繪製全圖心智圖

右圖這篇〈志向和努力〉文章頁面出自文經社所出版的《燈塔2》這本書。全篇文字不多，所以我和女兒就利用上面空白的地方，合作繪製一幅全圖的心智圖。

在陪孩子理解這篇文章的過程當中，我們一邊發揮想像力討論什麼叫做「志向和努力」？

女兒說努力就是像爬樓梯一樣爬上去，所以我就畫了一個樓梯，再加一個往上的箭頭。可是志向呢？志向就是要達到目標，所以我們就畫了一個正中紅心的箭靶。

接著我問女兒覺得整篇文章可以分成哪幾個部分？她說三個。第一個就是關鍵的地方；第二個是人人都應該立志；第三個部分是要加倍努力。我們用綠色螢光筆選出關鍵字，然後將關鍵字用圖像表示，同時為了讓重點內容能產生記憶的連結，只要有關學習的都用加減乘除的符號、工作都用錢的符號來表示。

例如在關鍵的地方她用一把鑰匙代表，而人人就以火柴人來代表一般人；在自己這一個分類中，她畫了最喜歡的一個小女生很努力的在跑；最後一個分類的地方，她用了很強烈的紅色和黑色，像爆炸一樣的方式，表現出心情不好的感覺，同時這一支線條她也用了黑色來表示。

接下來按部就班就是1-2-3、渺小用一小點、偉大就用一個大點來表示，其他也都用圖像代表。

當孩子腦袋中記住這一張心智圖，就很容易去記住一篇字詞原本都不是她很熟悉的文章，而在我們將文字轉成圖像以後，她就有記憶的提取線索，幫助她記住較難記憶的內容了。

常玩遊戲也能練出記憶力

好了，到這裡我們知道了如果想要增加記憶力，要先能夠注意到訊息，進行分類，再依照分類關係將關鍵資訊擺在相對位置，並了解關鍵資訊脈絡之間的關係，最後還要重複進行多次練習。

快樂的情緒有助於學習的記憶，練習必須要在心情愉快的情境下進行，才有可能激發腦神經活躍，因此建議透過遊戲方式來進行多次練習。以下簡單介紹幾款孩子在學習心智圖法時常玩的遊戲：

★【猜數字】

右圖是一套猜數字的卡片，數學的計算通常需要多次練習，形成對數字計算的敏感性，比較不容易做錯。過去我們通常是做一堆練習題讓自己熟悉四則運算，但這個過程相當枯燥乏味，而藉由這套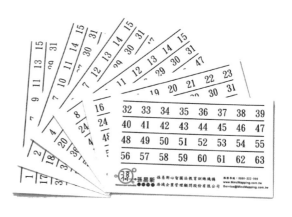猜數字的卡片，我可以幫助幼兒園大班的女兒自願且開心的練習加法心算。當她拿著卡片，得意的猜出對方心裡想的數字時，成就感驅使她繼續找其他人玩，於是跟一班同學玩下來，就相當於練習了20次以上，玩個幾輪下來，還用得著擔心她不會加法嗎？

★【桌遊】

運用桌遊來提升孩子學習的興趣，也可以使得孩子願意自動自發做很多次的練習，並且通常是在相當愉快的心情下進行。

在強化記憶心智圖的前提之下選擇桌遊，必須考慮要能夠增加專注力、提升感官記憶、短期記憶和長期記憶，以及空間記憶和陳述性記憶，同時也要發揮想像力來整合關鍵資訊。運用桌遊來提升記憶力之前，必須先了解我們買桌遊是為了要提升什麼樣的記憶力，才不會看起來好像買了一堆，卻都只是提供大腦相同的刺激。

比方說〈眼明手快〉、〈繽紛糖果〉、〈恐龍肚子轉呀轉〉這三款桌遊，就很適合用來培養訓練專注力。孩子在玩這些遊戲時，必須要能夠專心注意圖片上的相同與不同點，或是注意看骰子所骰出來的條件，然後在第一時間找出符合條件的相對應圖卡。像這樣有競爭性的遊戲，藉由孩子想贏的心情，可以讓孩子在興奮開心之餘也能有專心的能力。

❶〈眼明手快〉

必須集中注意力看三顆分別代表外圈、背景和圖案的骰子，骰出來後，看誰最快找到相對應的圖案，就可以獲得計分。這個遊戲除了訓練孩子的專注力，也能讓孩子了解對於關鍵字要先有印象（三顆骰子骰出來的結果），如此才可以在課本中快速找到重點（在眾多圖案中找出對應骰子的圖案卡）。

2	5
3	6
4	6

❷〈繽紛糖果〉

　　這款遊戲跟〈眼明手快〉類似，都是要從骰子骰出來的顏色去找到相對應的圖案，但因為〈繽紛糖果〉顏色更為複雜，所以更需要集中注意力。

❸〈恐龍肚子轉呀轉〉

　　同樣是一款練習專注力的遊戲，由三個顏色六顆珠子形成的圖案，在每一次轉一轉之後，會出現不同的排列位置，孩子就要找出相對應的圖卡。

　　多練習可以提升專注力，但是如果總是重複進行同一種遊戲，難免會讓孩子覺得無聊，因此我會選擇一些目的相同，但是不同類型的遊戲，可以有些變化，提高孩子主動玩的意願。

❹〈恐龍腳〉、❺〈記憶轉轉盤〉

　　這兩款玩記憶的卡片，訓練到的就是屬於空間記憶部分，玩法都是先將圖卡蓋起來，然後讓孩子們依據方位記憶，找出一樣的卡片。挑這兩款遊戲給孩子玩，可以幫助孩子記住心智圖中的不同類別在哪個位置，藉由空間記憶來增強記憶能力。

❻〈四方圖卡〉

　　在運用上拿來做空間記憶的刺激，每張卡片串聯起來還可以發揮想像力，進行語意記憶的練習。順著記、倒著記都可以，就像是故事接龍一般，順著每張圖卡編出一個小故事，可增加創造力和陳述性記憶。

❼〈故事骰〉

　　玩這個遊戲時，可因孩子過去的生活經驗，對於圖像有個人的解釋，而編出不同的故事便於記憶。像這種故事接龍的遊戲，都可以刺激孩子做陳述性記憶，以及想像力激發的練習。

7	7
8	8
	9

相對於〈四方圖卡〉，〈故事骰〉較為抽象。〈故事骰〉的圖案通常必須自己先做些詮釋，然後依著對每個骰出來圖案的詮釋，再串聯出一個故事，因此更需要結合自己過去的經驗，才能夠編出通順的故事，對於語意情節的練習就會更為細節與深入。

❽〈妙語說書人〉

這一款遊戲圖像豐富，孩子們因為個人過去獨特的生活經驗，在圖卡上看到的焦點不一定相同，經由出題人對圖片情境的解釋，其他一起玩的人除了可應對自己看到的與他人看到的不同之外，還能藉由多元的觀點增進情節記憶，發揮想像力，以及提升創造力中增補細節的能力。所以這款遊戲除了情節記憶外，還多了增進擴散性思考的能力。

❾〈拔毛運動會〉

我非常喜歡使用這款桌遊，雖然這款桌遊只有12個元素要記憶，不過還是超過了記憶容量的「7」。若想要全部記住，就必須要練習記憶的技巧。

參與遊戲的人必須先對每張要記憶的卡片，選定一個可以代表該卡片的象徵意義（如破雞蛋、小雞、刺蝟），然後將要記憶的卡片以3×4的方式擺放，接著我會視三張卡片為一類，分成四類，將這四個類別先以身體掛勾的方式掛在身上，而每一類別之下有三個東西，就編成一個小小的故事情節。比方說之前的三張卡片可以編成：「打破雞蛋、孵出小雞、千萬不要遇到刺蝟。」像這

身體掛勾

　　掛勾法是利用某一空間裡的位置，當作記憶掛勾，來記住大量資料的記憶法，常見的有羅馬房間法與身體掛勾法等。世界第一位在腦力奧林匹克記憶力競賽中奪冠的歐布萊恩（Dominic O'Brien）就是運用這項技巧。

　　這是一種緣起於古羅馬，結合視覺圖像與空間位置的記憶術。首先在熟悉的空間裡找幾個不會隨意變動位置的東西，依順序編上掛勾號碼，例如房間裡的家具或身體部位，然後把要記憶的事物跟那些掛勾位置連結、聯想在一起，盡量融入五官的感覺，幽默、誇張一點都沒關係，回憶時利用那些空間位置做為線索，很輕鬆就可以說出答案。這個方法稱之為「空間記憶法」或「位置記憶法」。

　　經常跟小孩玩這個遊戲，可以培養記憶心智圖筆記的能力。我們就以身體掛勾法來為大家做個說明。首先按照身體位置的順序編上掛勾編號，由上到下或由下到上來編都可以。（如右圖）

　　熟悉身體左右邊共二十個掛勾位置之後，接著拿出一堆識字卡片當素材，隨意抽出20張，依序掛到身體的每一個掛勾上，你將會很驚訝地發現，自己的記憶力剎那間突飛猛進，不僅可以順背，也可以倒背、抽背。

樣只需要用三張圖卡編成一個情節，玩的人很容易就會將這十二個東西記起來了。這款桌遊就是可以用來刺激我們在空間記憶和陳述性記憶的練習。

❿〈睡皇后〉

　　〈睡皇后〉這款遊戲比〈拔毛運動會〉多了一些中間的干擾因素，你可能需要做數字的四則運算或是找出相同的牌，你還可能有一些任務牌需要去進行，因此雖然你確實記住了十二個皇后所在的位置，但你還是可能會被這些其他因素所干擾，這時候你就更需要集中你的專注力了。

　　多做這方面的練習，有助於刺激提高我們的大腦神經等級，反應變快，也就容易記住了。

多活動、多流汗也很重要

　　另外，除了玩桌遊，要讓孩子能夠專注，還有很重要的一點就

是要讓孩子有足夠的活動量。

　　現在都市裡的孩子，因為家裡空間不足，在學校時間又非常緊湊，下課不見得都可以到操場上活動、奔跑，放學後去到安親班，直到近八點才有可能回家休息。回到家之後，學習了一天已經很累了，還要趕著上床睡覺，不然隔天無法準時起床。孩子日復一日地在各個建築物裡轉呀轉，能夠停下來喘口氣的時間其實不多，更何況是大量流汗的運動。

　　因此家長鼓勵孩子多做會流汗的活動是相當重要的。但要注意運動的種類，除了大肌肉運動，像是跑步、游泳等，也要做一些會用到末梢神經的活動，像是拍球、打桌球、做家事，或是露營時搭帳篷等較需要用到手指的動作，像這樣多使用大小肌肉，對於學習時的專注力和握筆能力很有幫助。

▲小朋友演練身體掛勾法

第5章

學習力up! 參觀旅遊
活用心智圖教學寓教於樂

　　俗話說：「讀萬卷書，不如行千里路。」這句話是要告訴我們，生活經驗是最寶貴的學習資源。也就是不要只讀死書，要能從生活中去體會、驗證、累積與應用知識。

　　多看展覽是一個能夠擴大自己視野很好的方法。由於全球化以及科技的進步，常常會有來自世界各地、跨越古今中外的展覽，在我們的城市舉辦，經常帶孩子去接觸這些展覽，不僅可以增廣見聞，豐富自己的生活，還可以幫助孩子建立他們現在以及未來學習同化與調適的基礎。

參觀展覽：在孩子大腦放一張看展地圖

　　但要達到有效學習的目標，我們必須先對這樣的學習做一番計畫，否則容易淪為走馬看花，或是留下入寶山卻空手而返的遺憾。

　　以心智圖法的概念來進行參觀計畫，可以幫助孩子在學習前對主題架構有個整體的概念，在學習時更能掌握想要學習的內容，在看過展覽後可以很快統整所觀察到的資訊。啟動這種吸收知識、管理知識的模式，知識才能進入大腦的長期記憶中，並提供未來使用

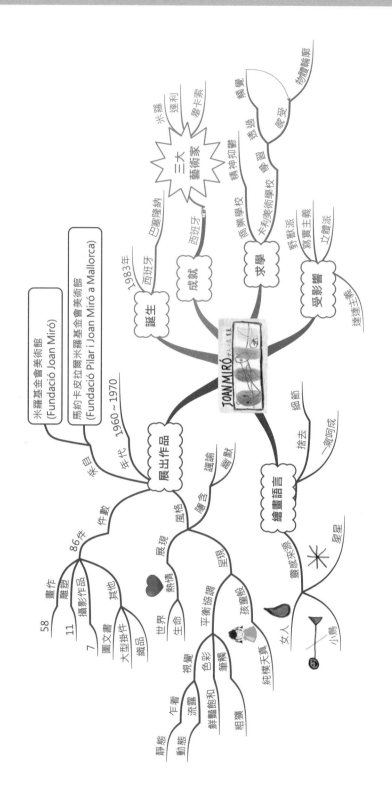

JOAN MIRÓ

誕生
　1983年
　西班牙

成就
　西班牙
　巴塞隆納

三大藝術家
　米羅
　達利
　畢卡索

求學
　商業學校
　卡利美術學校
　精神抑鬱
　透過
　　感受
　　學習
　　觸覺
　　炒體輪廓

受影響
　野獸派
　寫實主義
　立體派
　達達主義

展出作品
　來自
　年代　1960～1970
　件數　86件
　　畫作　58
　　雕塑　11
　　攝影作品　7
　　其他
　　　圖文書
　　　大型掛件
　　　織品
　風格
　　諷諭
　　隱含
　　幽默
　展現
　　世界
　　生命
　　熱情
　　　視覺
　　　色彩
　　　　乍看
　　　　流露
　　　筆觸
　　　　鮮豔飽和
　　　　粗獷
　呈現
　　平衡協調
　　孩童般
　　　純樸天真

繪畫語言
　細節
　捨去
　一氣呵成
　靈感來源
　　米
　　女人
　　小鳥
　　星星

米羅基金會美術館
(Fundació Joan Miró)

馬約卡皮拉爾米羅基金會美術館
(Fundació Pilar i Joan Miró a Mallorca)

知識，進而創造知識，奠定良好的學習基礎。

預做參觀心智圖，學習效果看得見

92頁這張參觀米羅畫展的心智圖，就是我在帶孩子去參觀展覽之前，先跟孩子做說明時所使用的。在進行說明時，有幾個步驟可以提供給大家參考：

❶ 了解作者背景

讓孩子預先對展覽的作者有一些認識，可以幫助孩子探索、理解他們為什麼會創作出這樣的藝術作品。

❷ 簡介參展作品

接著再說明這次展出的作品是從哪裡來的？是從哪個時代來的？主要的風格有哪些？

在參觀之前做這些功課，就好像放了一張關於展覽內容的地圖在孩子的大腦中，不僅能夠讓他們知道這次的展覽有些什麼，也知道為什麼會有這樣的藝術作品，它們是在什麼樣時代背景下被創作出來，以及畫家在創作作品時的心境，與人生幾個階段的生活狀況。

另外，94頁達利展那張心智圖則是提供孩子在參觀展覽的過程中，可以一邊欣賞參展作品，一邊收集自己所需要的資料，以便進行之後的知識管理。這就好像是一件新衣服買回來之後，就有條理地將衣服歸到適合的抽屜，日後取用時就會方便許多。

依我過去幾次帶孩子和學生參觀畫展的經驗，在開始進入參觀動線前，把這一份上面留有空格的半成品心智圖發給孩子，讓他們在參觀的同時做填空，自己完成這張心智圖，一般來說都可以收到很不錯的學習效果：

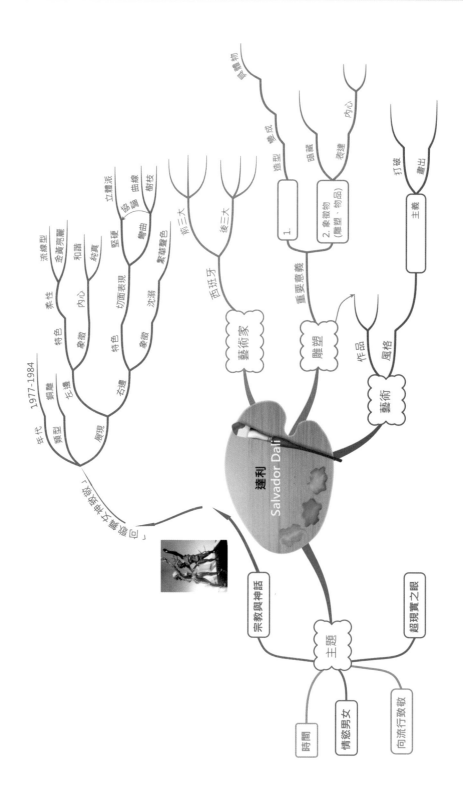

❶ 增加參觀互動

這張心智圖就像前面所講的鷹架一般,在參觀展覽的過程中提醒孩子必須要注意的點有哪些?並且先留下空格,讓他們可以主動填上自己的發現,形成展覽作品與參觀展覽者的互動。

❷ 迅速整合知識

如此一來,孩子在參觀過程中不僅只是看到這些展覽品,而是非常有意識的了解自己要看哪些內容,並且在心智圖法的協助之下,可以在當下就整合了這些知識。

在參觀完成之後,我會非常建議立刻幫助孩子對於剛剛所看的展覽進行回饋與整理,在他們記憶最深刻的時候把所見所聞講一遍,有助於他們將這些資訊存入長期記憶中,成為自己能力的元素之一。

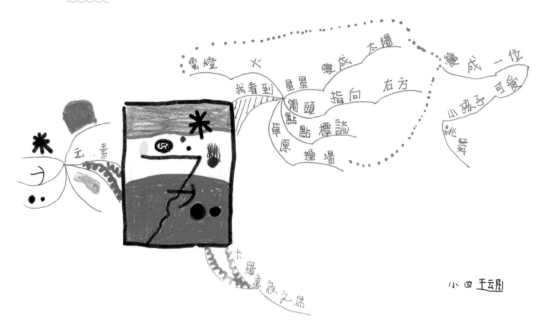

參觀米羅展的心得畫

　　下面這幾張圖就是孩子們在看完米羅的畫作之後，大家集思廣益提供自己的心得，合力繪製出來的小米羅畫作。看看！是不是從他們的畫作中，我們就可以明顯看到這些孩子在參觀之後，已經能夠清楚掌握了參觀米羅展所要學習的內容呢？

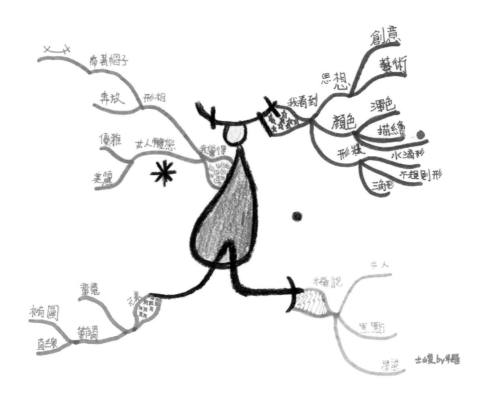

分段出遊：有計畫的區塊導覽動物園

出去玩也是一樣，如果能夠事先做好準備，孩子就不會只是上車睡覺、下車尿尿，醒著的時候還一直抱怨怎麼還沒到。

分區規劃心智圖，學習玩樂同步走

動物園是一個非常值得帶孩子去的地方，但是一般動物園的園區都非常大，要讓孩子一天走完，並且能夠記住所見所聞，其實並不容易。但是我們也不可能三天兩頭就往動物園跑，這個時候心智圖法的使用就很有幫助了。

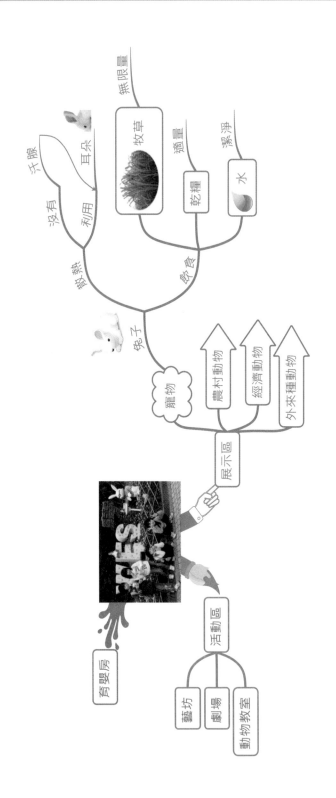

❶ 了解園區設施

我們可以先根據動物園的園區地圖，了解整個動物園包含哪些區域，再將各區域裡面有哪些動物做一番分類整理。例如在下面這張動物園展示區心智圖當中，我們將「戶外動物區」再區分成**特色、地區**與**生態**三類。藉著這樣的分類，可以更清楚了解在這一區可以學到什麼。

❷ 規劃探索路線

接著可以跟孩子們討論，我們準備花多少時間在動物園？這次要參觀哪些區域？以後再來的時候，我們就可以鎖定沒去過的區域繼續完成動物園的探索。

98頁是一張兒童動物園區心智圖，像這樣完成一張張的迷你心智圖，最後就可以組織成一張完整的動物園心智圖，像是玩拼圖一般，慢慢地將動物園一手掌握。

在每個區域裡面的迷你心智圖，可以依著孩子的興趣，對於裡面的動物做更詳細的了解，這些都可以應用參觀當天的觀察，以及

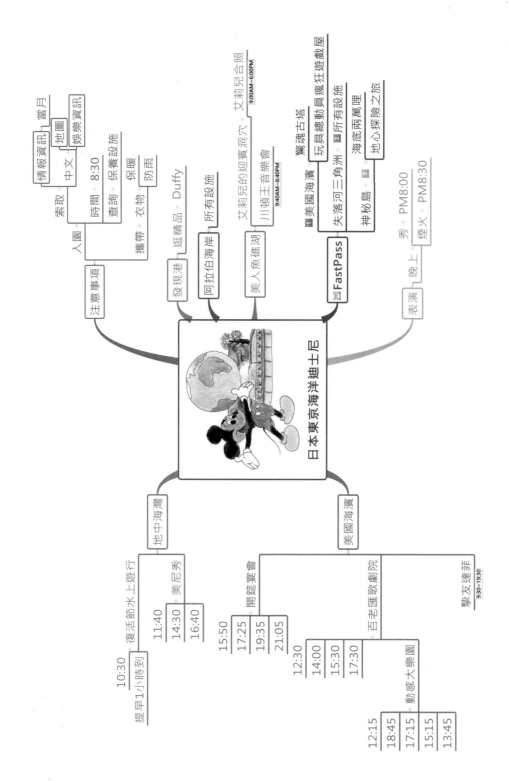

日本東京海洋迪士尼

注意事項

入園
　情報資訊
　　索取
　　　中文
　　　　地圖
　　　　　當月
　　　　娛樂資訊
　時間　8:30
　　查詢　保養設施
　攜帶
　　保暖
　　衣物
　　防雨

發現港
　逛精品・Duffy

阿拉伯海岸
　所有設施

美人魚礁湖
　艾莉兒的迎賓洞穴・艾莉兒合照
　　9:00AM~6:00PM
　川頓王音樂會
　　9:40AM~8:40PM

🅰 FastPass
　驚魂古塔
　①美國海濱
　失落河三角洲　玩具總動員瘋狂遊戲屋
　　②所有設施
　神秘島　③　海底兩萬哩
　　　　　　地心探險之旅

表演
　晚上　秀・PM8:00
　　　　煙火・PM8:30

地中海灣
　復活節水上遊行
　　提早1小時到　10:30
　美尼秀
　　11:40
　　14:30
　　16:40

美國海濱
　開宴會
　　15:50
　　17:25
　　19:35
　　21:05
　百老匯歌劇院
　　12:30
　　14:00
　　15:30
　　17:30
　動感大樂園
　　12:15
　　18:45
　　17:15
　　15:15
　　13:45
　摯友達菲
　　9:30~19:30

事先或是事後上網搜尋資料，來協助孩子進行這方面的學習，不僅可以讓孩子有獨立自主的學習，也可以培養孩子運用網路工具幫助自己學習。

瘋玩樂園：一張圖完全暢遊日本迪士尼

迪士尼樂園是一個夢幻世界，去迪士尼玩的時候，就是孩子們最興奮的時候。但是每次玩完之後，孩子都會有些遺憾、有些不甘心，為什麼呢？

因為這是一個太熱門的地方，每天都有好多好多的人湧入，每項遊樂設施任何時段都大排長龍，雖然玩了一整天，幾乎都累癱了，孩子還是常常不能夠玩得非常盡興，因此我決定運用心智圖法的概念幫孩子玩一次超級過癮的迪士尼。

2015年暑假我帶著小學五年級的女兒準備到日本海洋迪士尼樂園去度假，我們都清楚知道，在暑假期間前往迪士尼的遊客是瘋狂爆多，但是我們決定這次一定要好好給它玩個過癮！但要如何才能夠達到這個目的呢？當然我們必須事先做好準備。

計畫攻略動線，景點時間方位一把抓

根據過去的經驗，當我們拿到迪士尼的導覽地圖之後，豐富的色彩和圖像，會讓我們眼花撩亂。於是我和女兒決定用心智圖法製作一張全攻略導覽圖，在心智圖中標示出非玩不可的遊樂設施，和一些比較著名的景點，並且還有時間上的提醒。

由於迪士尼樂園裡面有些遊樂設施可經由抽快速票的方式節省排隊時間，因此在我們的心智圖右下角特別拉出一支大類叫做

「FastPass」。如此一來，這張心智圖不僅可以讓我們掌握有哪些好玩、必玩的設施，也能夠讓我們了解有哪幾項可以快速就玩到。

100頁那張中心主題為「日本東京海洋迪士尼」的心智圖就是我跟女兒合作完成的。藉由這張心智圖，再配合遊樂園的地圖，我們母女倆那天總共玩了6個快速通關的遊戲，並且在等待熱門遊戲的時候，也玩到了我們想要玩的其他小遊戲。

這一次的東京迪士尼一日遊，讓我們玩得非常非常的盡興，雖然累到那天只能靠著本能拖著疲憊的雙腳走回飯店，但我和女兒的內心都非常滿足。

其實迪士尼樂園我們不只去過一次，但因為這一次事先運用心智圖法做好迪士尼玩樂全攻略，除了讓我們真正享受到了親子共遊的樂趣之外，最重要的是讓孩子體會到做計畫的好處與重要性，以及初步掌握怎麼用心智圖法來做計畫。

校外教學：以心智圖筆記記錄參觀內容

學校也常常會帶孩子們出去校外參觀教學，如果老師能根據**教學綱要與學習重點**，運用心智圖法的概念幫助孩子了解這次校外教學要去哪裡？要學習哪些東西？在參觀時就讓孩子以心智圖的筆記方式記錄他們觀察到的東西，回來以後就很容易能夠讓孩子順利說出一篇簡單的校外教學遊記了。

通常孩子們校外教學心智圖筆記的內容大多來自解說牌上的說明，這在剛開始的時候是可以接受，但是慢慢的也要要求他們注意聽老師或解說員的現場講解，並將重點整理到心智圖當中。

如果發現孩子在現場整理的心智圖筆記，內容不夠完整，或邏輯分類上可以調整得更好，也必須提供意見給他們，並請他們重新畫一張，讓孩子透過每次的練習，精進心智圖筆記的技巧。

104頁那張（指導前）心智圖是學生根據解說牌內容整理的心智圖筆記，105頁的（指導後）心智圖則是經過老師指點後重新繪製的心智圖筆記，大家可以翻頁比較看看哪裡不一樣？

- 心智圖的四大核心關鍵：關鍵字抓重點、分類是邏輯的基礎、顏色及圖像有助於將我們的感覺放進知識裡，更容易產生連結。
- 藉由水平和垂直思考的形式建立3D的思考模式。
- 增加記憶力的方法就是多練習，遊戲可以讓孩子自動自發的多練好幾次。
- 參觀、閱讀和欣賞美好的事物，都可以擴充孩子知識的資料庫，激發想像的空間。

小提醒

習性

食物　草
　　　群居
　　　遷徙　奔跑
　　　　　擅長

科學分類　鹿科

外觀
　體長　150 cm
　　　白斑
　毛色　夏季　棗紅色
　　　　冬季　黃褐色
　　　　不顯著　白斑
　角　雌性　無
　　　雄性　有
　狀似梅花　有角雄性

生殖
　9~11月　月份　交配
　5~7月　月份　產子
　1~2隻　受胎

105

參觀北投溫泉博物館

從參觀現場所整理的心智圖筆記，我們可以觀察到孩子看事情的角度與關心的重點。以下這兩張由青少班學員藍穎諄與朱冠瑜繪製的參觀北投溫泉博物館心智圖就是一個很好的例子。

參觀同一個博物館，但我們發現他們關注的焦點不同，藍同學是從各個國家來切入，並且只記錄溫泉的特色；而朱同學則是從博物館展示的文物與簡介中記錄比較詳細的資訊。

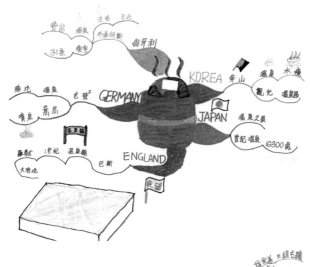

掃描 QRcode 看大圖

掃描 QRcode 看大圖

掌握讀書技巧
分科學習有效率

～豁朗期（中學階段）～

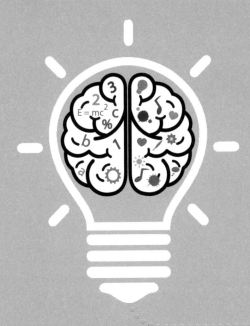

在這個階段，讓孩子看到自己努力就會有結果，將能提高他發展終身學習的意願。因此，幫助孩子了解並經驗到怎麼樣可以有效的學習，是重要的關鍵。

◆ 心智圖法在不同科目有不同的應用方式，了解每一個科目主要學習目標是很重要的。

◆ 文章筆記說明了如何抓重點，此節將介紹如何結構組織、去蕪存菁這些重點，並藉由自己做筆記的歷程，將知識納入自己的知識庫。

◆ 運用心智圖法規劃出「怎麼做專題」和「怎麼寫作文」是未來進行專案能力的基礎。

◆ 這個時期有很多的東西需要做記憶，學會運用空間記憶、語意和情節記憶，自己發展出可以快速記住的口訣，可以提升孩子學習的興趣，並且立即感受到學習的成效。

第 6 章

筆記力up! 抓重點快狠準 是學習事半功倍的關鍵

接下來我們進入了運用心智圖法來做學習筆記的整理。一般人對心智圖法的印象大多與做筆記和記憶有關，為什麼呢？因為運用心智圖法在學習筆記與記憶這兩部分最容易進入，且立即可以看得到相當顯著的效果。

運用心智圖法關鍵字、分類階層化、圖像和顏色四大核心關鍵，以及水平、垂直思考兩個重要的思考方式，來整理學習的內容，將會使得孩子親身經驗到讀書的成就感。

心智圖筆記讓學習效果看得見

由於心智圖的畫面呈現相當豐富，而且相對於其他筆記方式，通常可以見到較多的學習效果，很多學校老師因此認為心智圖法很簡單，有的老師甚至會在未教導過的情況下就要求學生使用心智圖法做筆記。但是這些老師沒有想到的是，心智圖法並非只是畫出一張有分類、有顏色和圖像的圖而已，而是必須要能夠幫助學生進行理解和記憶。一個方法、一項工具要能發揮效果，很重要的是要知道如何使用。現今我們連買個東西都會先看看使用說明（或操作說

明），但是卻認為管理複雜大腦的思考工具不用學，只要看一看就可以用，這不是一件很弔詭的事嗎？

> 我曾經很納悶的問過一個小學老師，為什麼他會出要孩子做心智圖筆記的作業？他說心智圖可以幫助學生學習啊！問他怎麼知道學生會不會畫心智圖？他一副理所當然地認為學生應該在低年級就學過怎麼畫心智圖了。於是在沒有做過任何教導的情況下，就規定了運用心智圖法做筆記的作業。

第一要務是學到正確使用方法

從新湖國小陳孟奴老師的碩士論文研究中就發現，心智圖法是一個相當有power的學習、思考工具，但若是沒有經過正確的學習是用不出效果的。如果只是畫出看起來像心智圖的作業，沒有實際感受到學習效果，然後以後就不再使用，對孩子來說相當的可惜。

因此如果希望讓孩子有一個有效的讀書方法與學習工具，就應該仔細地教導孩子如何正確使用它。這也是為什麼十年前第一次接觸、認識到心智圖法之後，（雖然那時我已經是學校的正式老師）我仍然覺得需要向心智圖法專家學習，而不是自己捕風捉影學一個半調子的主要原因。因為我希望藉由心智圖法可以帶女兒走過學習的痛苦，那麼就一定要學到正確的使用方法。

做筆記前要先理解課文內容

很多孩子在用心智圖法整理過筆記之後，常常不需要花很多的時間就可以記起來了，為什麼會有這樣子的效果呢？這是因為要繪

製成一張正確的心智圖，必須經過**選取正確的關鍵字**，然後還要**將關鍵字擺在正確的位置上**（同一個位階放置或是上下位階放置，必須考慮到這幾個關鍵字彼此的關係，或是與上一階關鍵字的從屬、因果關係）。而怎麼將關鍵字放在正確的位置上？最重要的就是要理解課文內容。

讀書筆記是自己理解後的整理

從過去到現在，只要是學生應該都有做過讀書筆記，而製作的方式不外是課堂上抄寫或摘自參考書的重點，鮮少是自己讀過課文的整理。但是有效的讀書筆記不是用抄的，而應該是自己理解過之後的整理。

抄的筆記或參考書整理好的筆記其實是不容易記憶的，因為這些筆記是由他人製作、他人的邏輯、來自他人的過去生活經驗，是別人用自己獨特的方式在理解新的東西，也就是兒童教育專家皮亞傑所說的同化與調適。

在這樣的認知重組歷程中，必須取自個人的所有經驗，而閱讀他人的筆記，有時候並不容易理解儲存在製作者大腦裡的訊息組織歷程，自然也就不容易記住了。

用舊經驗連結新東西有助理解記憶

比方說我的小孩在四歲時，兒童繪畫班的美術老師在教她什麼是螺旋時，用了很多的比喻來解釋。女兒在聽完老師解釋後，問老師說是不是蹺蹺板？

老師一臉狐疑地轉頭看著我，不明白蹺蹺板怎麼會有螺旋？原來是我家附近公園裡的蹺蹺板座位下面有接彈簧，以減輕孩子上下

玩時的衝撞力道。女兒常常去公園玩蹺蹺板，平時也不曾見她問過我們，但這是她的生活經驗，需要時就是用她獨特的舊經驗來與新東西產生連結，那麼就很容易幫助理解和記憶。由此可見，讓孩子多接觸世界，絕對有助於累積孩子將來學習的資料庫，學習也將會輕鬆許多。

無法清楚了解來龍去脈，看著別人做好的筆記就只好強記，這樣其實很容易遺忘。要能夠不遺忘，最重要的就是要先進行理解的動作，理解的基礎來自過去自己生活的累積，而不是可以直接用別人的經驗。做筆記之前最重要的工作，就是要先理解課文的內容，也就是要先閱讀課文再來做筆記。

清楚來龍去脈才能舉一反三

有很多學生覺得閱讀課文是一件浪費時間的事情，因為他們認為課文裡寫了很多不是重點的東西，全篇讀下來要花很多的時間。但是這些學生們認為不是重點的內容，卻是串起重點的催化劑，有了這些內容，才能夠清楚地了解課文的脈絡。

若單單只是記重點，則會流於片段的記憶，除了不容易記住之外，也很難可以舉一反三、旁徵博引，因此我們的學生常常弄不清來龍去脈，只會考選擇題和是非題，若碰到題組型或是申論式的題目，常常會不知如何組織呈現，也無法言之有理、言之有物。

心智圖學習筆記從社會科開始

一般來說，如果要學習使用心智圖法來做學習筆記，我會建議從社會科開始。因為相對於其他科目，社會科的課文內容通常結構

清楚，文體多屬於說明文或講述事件的記敘文，孩子看完整篇文章之後，可以根據課文給的章節標題縮小閱讀的範圍，這樣比較容易抓到重點。

國語課本是最不容易做的心智圖。為什麼呢？原因是國語課文要傳達的，除了知識性之外，很重要的是意境情感的表達，而這都不是可以輕易用邏輯結構來表達清楚的，因此要做成以邏輯為基礎的心智圖其實相當不容易。

所以先以結構清楚的文章來學習使用心智圖法，熟練了之後，再開始運用在其他不同領域，會是比較容易讓心智圖法在學習上發揮效果的選擇。

> 要做好筆記，一定要先閱讀課文，對於學習的內容有一個全覽的認識，也就是我們所說的「先見林」：然後再針對每一個類別去了解細節，也就是「再見樹」。

在上課之前先自習做好筆記

學校課文的筆記，我建議學生應該在老師教之前，自己先閱讀過後就可以做了。

為什麼要在老師沒教之前就先做？因為在老師還沒有講之前，如果我們要進行理解的動作，必須要從大腦資料庫中去搜尋過去的知識經驗，然後進行認知的重組。當老師講過之後，我們再回來做筆記，那時候我們的大腦就會自動搜尋最新的資訊，也就是老師教過的內容，這時就變成了記憶，而跳過自行理解的步驟。

學生的筆記不是經過理解，而是搜尋自記憶，甚至是短期記

憶，就是因為做筆記的時間點，通常是在老師教過、甚至是老師在教的當下做，那樣怎麼會有時間進行理解和思考呢？

還記得記憶廣度5～9組資訊的容量嗎？如果一個工作台就只能擺這麼多，那麼最容易搜尋到的資訊勢必會占住工作台的空間，因此過去儲存在長期記憶裡的知識就來不及拿出來使用，所以我們的學習常常用到都是靠當下的記憶，而不是與過去累積的知識做統整的理解，這跟何時做筆記其實有很大的關係。

談到這裡，或許很多學生會說老師都沒有教過，我怎麼知道重點在哪裡？而這就牽涉到閱讀理解能力的培養，如果在小時候培養閱讀習慣時，有理解能力的養成，很容易就會了解重點在哪裡。

閱讀理解能力養成要及時

大家還記得我在前面繪本閱讀的篇章說明如何培養抓重點的能力嗎？其實我們陪伴孩子閱讀，就是希望他們將來有自主學習的能力，因此在閱讀時不能只是從頭到尾讀下來，而是必須要能夠培養思考力，用到學校的學習裡面就是課文的閱讀，然後製作成心智圖筆記。

我的孩子在四年級之前因為課文的內容量不多，往往看過幾遍之後就都記住了，所以她其實不太需要做什麼筆記。不過這時候我常會用對話的方式，跟孩子討論與複習課文的內容，有時甚至在跟孩子一起的交通時間中，像是在開車時，就開始跟女兒進行對話。

（如左頁圖）在我的腦海中其實就有張女兒課本的心智圖，我通常會先從中心主題開始跟孩子互動，會去討論用什麼樣的圖可以代

表整篇課文的意義，然後會水平思考的問孩子這一課的內容可以分成幾個類別？接著繼續討論每一個類別裡面有些什麼細節？

由於我已經將孩子的課文內容以心智圖法的方式記住了，所以很容易就可以再喚回腦海中運作。像這樣的陪伴一直進行到高年級後，女兒的自然科和社會科就都會自己使用心智圖法來做筆記了。

培養孩子自主做讀書筆記的習慣

製作心智圖讀書筆記的能力當然不是一蹴可幾的，除了從小在四大核心關鍵及思考方式的培養之外，也要經過長期的練習，才能讓使用心智圖法學習成為習慣。

因此在女兒升上小學四年級時，我也會讓她試著用較少的課文內容開始做心智圖筆記，此時我會聚焦在兩個重點：一個是在提高她做筆記的興趣，由於課文內容不多，她可以盡情地使用顏色、圖像來完成筆記；另一個就是類別，也就是心智圖的主幹與中心主題（題目或標題）的關係。

陪孩子練習做心智圖讀書筆記

大部分的課文（特別是社會科）結構都非常清楚，通常如果以一章的範圍來做心智圖，章名就會是「中心主題」，節名就會是「類別」（主幹）的名稱。不過，我不會讓孩子一邊讀就一邊去決定要怎麼分類，因為這樣很容易打斷孩子對課文內容理解的完整性。

我的做法是在孩子閱讀之後，請他把課本闔上，然後討論在閱讀中看到了什麼？接著問他準備將這些東西分成幾個類別？而這就會成為他心智圖筆記裡的幾個類別（主幹）了。

首先，協助孩子分類時要注意：

- 類別與中心主題的關係是否能夠有脈絡性
- 單單閱讀中心主題和類別是否能勾勒出課文大意

如果孩子的分類與課文不一樣也沒關係，只要能夠將重點組織在心智圖裡面就可以了，因為這表示他是用自己的邏輯和經驗來理解課文內容，這是非常珍貴的，也代表孩子已經對於課本內容有自己的解讀，並且與自己的經驗產生了連結。

其次，在上課前先做讀書筆記，課後隨時補充筆記內容。

如果在課前可以做好心智圖筆記，孩子不僅能預先對學習內容有概括的認識，同時可以先知道自己有哪裡不懂，上課時老師講到他不懂的地方，就可以更專注的去學習，甚至提出問題跟老師討論。

接著在老師教完之後，打開課前做好的心智圖筆記，補上課後的理解，在每一次的考試之後，再從錯誤中去檢討自己的心智圖筆記的完整性，如果還有遺漏就補上。

所以心智圖法的筆記不是一次就做好的，一次次的學習理解都可以再修改心智圖的內容，以達到自己完全理解的程度。但如果已經寫在筆記裡卻仍然遺忘，就必須使用一些記憶的技巧來幫助記憶，提高學習的效果。

關鍵字學習：考試的重點在哪裡？

分類之前要先圈出關鍵字（抓重點），而一般性選擇關鍵字的方式，已經在前面章節裡說明，這裡不再贅述。不過若是針對學習的考試做筆記，特別是不知道如何抓到考試會考的關鍵字時，最好用

的方法就是直接以考題當作關鍵字。

選擇題選項就是現成的關鍵字

　　下面這張心智圖「日治時期殖民政策-浮動主題」，就是用考題裡選擇題的選項做為關鍵字，然後用心智圖軟體先以關鍵字分散的方式呈現。有沒有注意到，選擇題選項其實就是一個個的關鍵字，只是分散在題目中。接著依據題目所呈現出來的片段脈絡，組織相同類別的關鍵字，形成分散式的小邏輯。這時候如果可以使用心智圖軟體幫忙，更可以有事半功倍的效果。

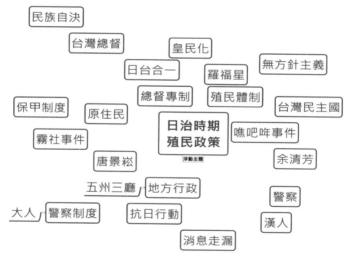

使用軟體依脈絡來整理關鍵字

　　使用心智圖軟體方便調整架構，孩子就不會覺得一直要更動邏輯、改來改去很麻煩，在不斷修正關鍵字，決定放在水平或是垂直位置時，也對關鍵字彼此之間的關係進行了深度思考。這種組織關鍵字的方式運用在預習時，可以幫助孩子精準地抓住重點。

　　119頁那張心智圖，就是在選取關鍵字之後，依照自己對這些關

鍵字的了解，以及從題目中找到的脈絡先行排列出來的。接下來只要再依課文脈絡補充整理關鍵字，就完成課文的筆記整理了。

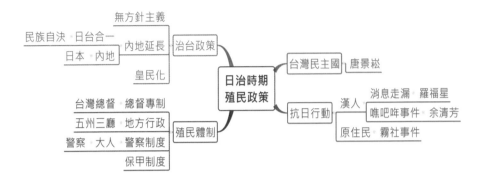

小學到中學由淺入深的螺旋式學習

從國民中小學課程設計綱要中可以了解，社會科的課程規劃旨在培養學生從自小居處的台灣為立足點，然後放眼中國、亞洲和世界。因此，在課程的安排上就是以「台灣－中國－亞洲－世界」循序漸進地展開，並且以不同發展階段，由淺入深的螺旋式學習。

第一階段為國小一～二年級，第二階段為國小三～四年級，第三階段為國小五～六年級，第四階段為國中一～三年級，分階段的意義在於提示配合發展與學習的適當階段，相應的教材可以在每一個階段適當地迴旋加深或複習。

而從兒童發展與兒童實際生活的觀點來看，國小中低年級階段著重在與兒童生活直接相關的部分，讓兒童可利用具體化的教材學習。到了高年級階段以上，才會開始透過時空進行較為需要運用想像思考方式的學習。例如歷史科基本內容設計以區域為課程組織的核心，從五年級開始探討台灣、中國和世界等不同區域，在古代、

近代和現代等不同時間脈絡中的人群所形成的政治體制、社會制度和文化風貌，並以人類社會及全球環境的永續發展為學習主軸。

因此，若以心智圖法「見林且見樹」的概念來學習社會領域裡的歷史科，除了每一章節的心智圖筆記之外，我們還必須要能夠掌握整個歷史科的課程安排是以「台灣－中國－亞洲－世界」的脈絡來進行。比較下面這張國小高年級階段與121頁國中三年級的歷史課程架構心智圖，可以明顯發現課程的安排是以螺旋式的方式，在不同階段透過重複學習而加強認知，做到按層次循序漸進。

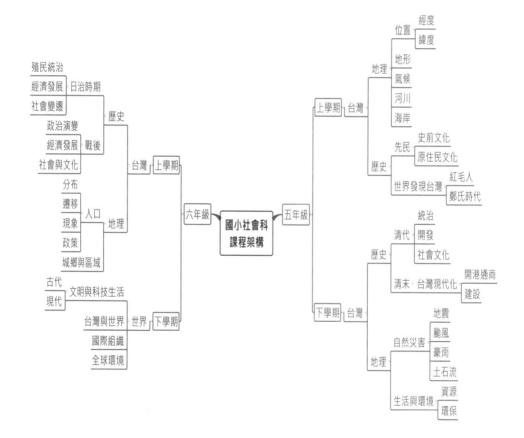

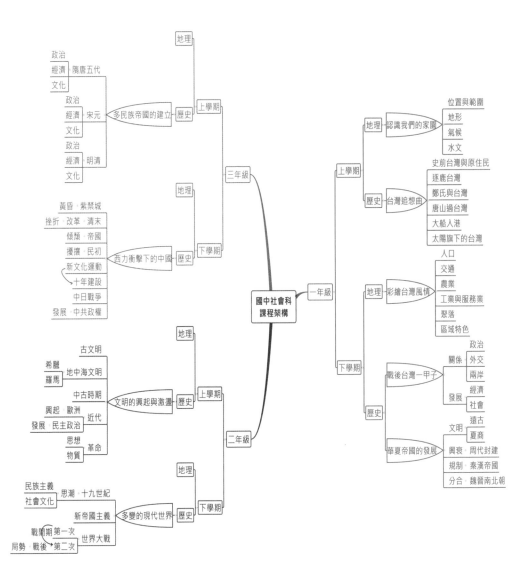

我們可以帶著孩子在每一階段完成課程架構的心智圖。這就像是一張學習地圖一般，孩子看了地圖以後，知道自己在學習的哪個位置，然後知道自己過去學過什麼，未來即將做什麼樣的學習，就容易幫助自己整合這些學習內容。

運用迷你心智圖做知識管理

課程架構的心智圖就像是世界地圖一般，孩子在先了解整個地球的大貌之後，再詳細的往下了解每一洲、每一個國家的知識，但這些知識在每一個層級都包含相當多的資訊，因此我們可以將之分成很多張心智圖，以便知識管理。這其實應用到了心智圖法中迷你心智圖（Mini Mind Map）的概念。

心智圖筆記層次分明、收放自如、功能強大

整理心智圖讀書筆記的時候，如果課文很長、內容很豐富，把這麼多的東西都塞在一張心智圖，不但記憶的效果不佳，也會影響對內容的理解。碰到這種情形，可以先整理出一張這篇文章大致提到哪幾個議題的心智圖筆記，我們稱之為主架構心智圖（Master Mind Map），接著從裡面每一個議題分別整理出許多張內容較詳細的迷你心智圖，跟原來的主架構心智圖做超連結。

例如119頁「日治時期殖民政策」那張心智圖，就是120頁「國小社會科課程架構」當中，六年級－上學期－台灣－歷史－日治時期－「殖民統治」的迷你心智圖，也是121頁「國中社會科課程架構」當中，一年級－上學期－歷史－台灣追想曲－「太陽旗下的台灣」的迷你心智圖。

這是從理解運作與記憶的觀點來看，因為大腦工作記憶的量有限，把要記得的東西做好分類，進行知識管理，才不會遺忘。

以國中歷史科的日治時期一章為例，我們可以了解在日治時期殖民政策的詳細內容，也可以往上一層了解，這其實是屬於台灣近代的歷史，這段歷史是從清朝統治台灣之後，台灣正式成為清朝的

一省，接下來竟使得清朝有權力在中日戰爭後，因為馬關條約把台灣割讓給日本，影響到台灣接下來的歷史發展。

像這樣既可以將時間的脈絡交代清楚，又同時能夠將該時間點上所發生的事件做詳細說明，就是心智圖筆記強大功能的展現，而這完全是依著人類大腦儲存記憶、理解知識的本能所發展出來的。

甚至如果我們將地理和歷史的課程架構一起比較，也可以發現這兩個科目安排順序是一致的，因為地理其實就是從位置、地形、氣候、河川等來說明一塊土地的條件；而記錄人們在這樣的條件影響之下，會發展出什麼不同形式的生活方式，就是歷史。孩子們如果是用這樣的邏輯思維進行學習，將是以4D的眼光在看人類在地球上的發展，更能培養孩子具備永續地球的胸懷。

當孩子能夠從這樣子的高度看待自己的學習時，他就能理解到在每一階段的學習都是累積的。從國小部分的心智圖進到國中的學習內容，他會發現，原來國中要教的東西在他國小的時候都已經接觸過，甚至結構也都一樣，所以他可以很容易的站在過去學習的基礎之上，再將國中新的知識納進來。

而這不就是運用了皮亞傑認知發展中的同化概念嗎？是不是就可以讓學習變得容易許多？有著這樣的學習基礎，孩子們就可以放眼未來，對於學習就可以有夢想。同時，如果已經開始運用電腦的心智圖軟體來完成筆記，國小高年級的筆記甚至可以直接修改成國中的筆記。讓孩子具體的看到自己學習的成果，不僅能夠激發孩子學習的動機，更能增加孩子對於學習的掌控感。

接下來介紹關於心智圖法怎麼應用在社會科、數學科以及國文課文的學習。

　　首先以康軒版國小五年級社會科課文〈劉銘傳的建設〉為例，說明如何運用心智圖法學習社會科。

　　光緒十年（1884），法國侵擾澎湖與台灣北部，清廷派劉銘傳來台灣負責守衛，阻止法國的攻勢。戰爭結束後，台灣的地位更顯重要。光緒十一年（1885），清廷將台灣改設為行省，任命劉銘傳為第一任巡撫，積極推動各項建設。

　　劉銘傳首先調整行政區以加強統治，並積極清查土地，增加賦稅收入。又在基隆到新竹之間修建鐵路，發展交通；鋪設電報線、開辦郵政，加強各地的聯絡；並且創辦新式學校，以培育人才。

　　經過沈葆楨、劉銘傳等人的積極建設，加上西方文化的持續傳入，使台灣逐漸邁向現代化，成為當時清朝統治下最進步的地區之一。

【註解／圖說】❶劉銘傳（1836～1896）。❷台灣布政使司衙門，是清代建省以後最高的行政機關（原址位於今台北市中山堂，目前存留下來的建築，現在已移到台北市植物園內）。❸清代後期台灣省行政區圖。❹西嶼砲台是劉銘傳為鞏固澎湖海域，所建的防禦工事（澎湖縣西嶼鄉）。❺騰雲號是台灣第一個蒸汽火車頭，現保存於二二八和平公園內（台北市中正區）。❻法軍侵台時，二沙灣砲台是防守雞籠（基隆）港的重要據點。入口處題有「海門天險」四字，是因其控制北台灣門戶，地形險要（基隆市中正區）。❼位於台北到基隆間的獅球嶺隧道，是清代修建鐵路時所開鑿，現為市定古蹟（基隆市安樂區）。❽台北初設電燈示意圖。

◎ 課文資料提供：康軒文教事業股份有限公司

　　在讀完課文內容後，了解這是在說明劉銘傳來到台灣做了哪些事情及影響。我們可以將課文內容分成劉銘傳來台灣的**原因**、他的重要任務是**台灣設省**，接下來是他對台灣做了哪些**貢獻**，然後是對台灣的**影響**。以這樣的分類方式，這篇課文內容共分成四大類別：

　　分好類別之後，接著針對每一個類別再進行理解與資訊分類。社會科通常人、事、時、地、物會是重點，因此在「原因」的部分我們就選取了在什麼時候發生？發生了什麼事？然後針對這個的發生做了什麼樣的回應？就成為了原因類別中的細節。

　　在選取關鍵字時，到底寫多少個才是剛好？如果是為了考試做準備，考試會考的通常就要寫進去。而在安排關鍵字位置的時候，可以從中心主題一直唸下來，如果能夠通順理解，就表示那是適合的選法；如果覺得怪怪的，意思不太能夠串起來，就是關鍵字寫得太少；如果其中一個關鍵字遮起來，並不影響前後關鍵字意思的連貫，以及自己對課文內容的理解，就可以省略掉這個關鍵字，以精簡重點。

　　所以在原因的分支，只寫出幾個簡潔的關鍵字，相信大家也都能從心智圖當中理解到為什麼劉銘傳要來建設台灣。

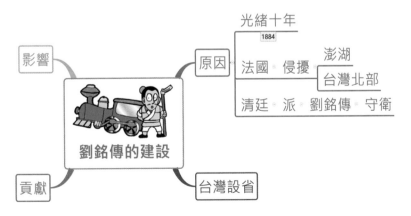

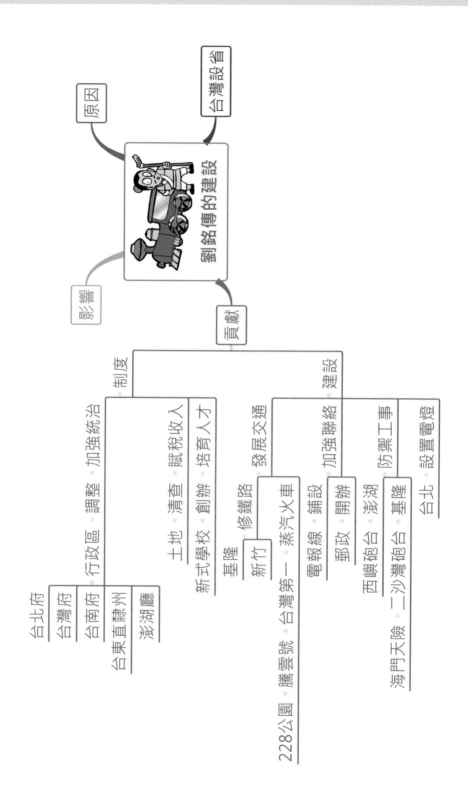

劉銘傳的建設

原因
- 台灣設省

影響
- 228公園

貢獻

制度
- 加強統治
  - 調整 行政區
    - 台北府
    - 台灣府
    - 台南府
    - 台東直隸州
    - 澎湖廳
- 賦稅收入
  - 清查 土地
- 培育人才
  - 創辦 新式學校

建設
- 發展交通
  - 修鐵路
    - 基隆
    - 新竹
  - 蒸汽火車
    - 台灣第一・騰雲號
- 加強聯絡
  - 鋪設 電報線
  - 開辦 郵政
- 防禦工事
  - 澎湖砲台
    - 西嶼砲台・海門天險
    - 二沙灣砲台・基隆
  - 台北
- 設置電燈

接著在「台灣設省」的部分，同樣也是選了時間以及誰做了什麼事做為重點的分類。通常我們在表示歷史的時間時，會把過去時代年和西元年放在一起，代表是同一個時間點，所以可以放在同一位階。

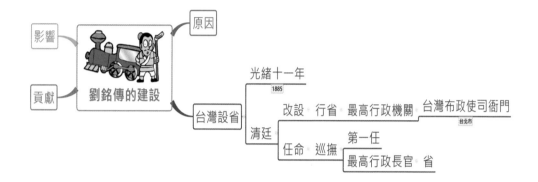

在「貢獻」的部分，重點分散在課文裡，並沒有完全整理在一起，當整理完後，會發現劉銘傳在台灣的貢獻超過了5項，因此我們最好要進行分類，不然在記憶上可能會有困難。

要進行分類之前，理解每一個項目之後，發現「貢獻」部分可以拉出兩個分支，一個是劉銘傳做了一些制度上的規定，另一個是實際上的建設，因此在126頁那張心智圖上把規定歸為**制度**類別，實際做的事就歸類在**建設**。

接下來，由於**加強統治**、**賦稅收入**及**培育人才**是屬於制度的三個部分，所以放在「制度」下面，做成三個類別的關係，而**調整-行政區**與加強統治是垂直型關係，用這樣的方式來構成課文重點的架構。

此外，課文裡的資訊有些會在旁邊的註解中出現，這時候就必須按照資訊類別的歸屬，把它歸納進心智圖的筆記裡，如此一來，

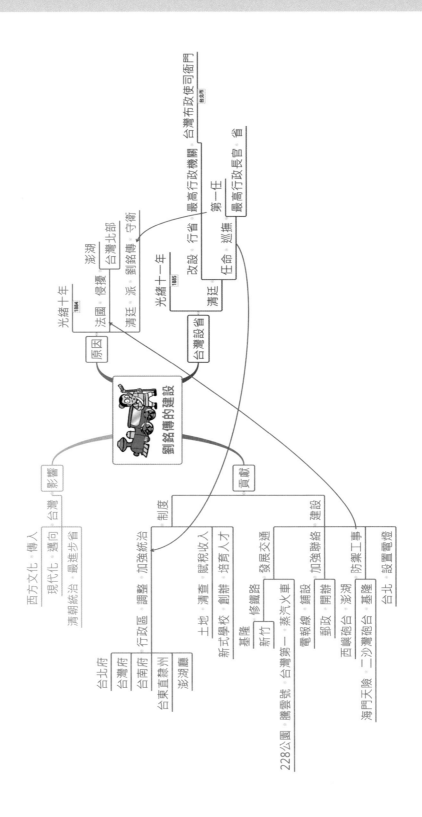

就可以像128頁這張〈劉銘傳的建設〉心智圖，把同一類別的資訊一起整理，並且畫出關連線，說明彼此之間的關係，對於課文的理解和記憶就會比較完整，而不會被切成一個個的片段。

在完成課文內容重點整理之後，加上關連線來顯示不同類別關鍵字之間重要的關聯性。像是為什麼劉銘傳做的建設大多集中在北部？為什麼會在基隆和澎湖兩個地方建設砲台？這其實就會跟之前劉銘傳要來台灣的原因有關，所以加上關連線就可以幫助學生了解課文上沒有直接寫出來、必須推論理解後才會知道的訊息。

筆記❷：心智圖法運用在數學科的學習

數學課程架構的安排也是如此。心智圖法如何運用在數學上的學習呢？其實數學的學習包含理解和計算，在要能計算對之前，必須要先理解。數學一直是讓很多學生感到困擾的一科，他們常常會覺得似乎走到數學的迷宮裡，摸不著頭緒，因此心智圖法可以發揮它最棒的功能，也就是成為一張數學地圖。當學生們手上有了這張數學地圖之後，跟著地圖走，就會知道他現在是在數學森林裡的何處，知道這個數學森林的整個形狀，也能夠知道森林裡每一棵樹木的特性，更進一步知道樹木之間彼此的關係。

當孩子們以這樣的概念在學習數學時，數學就不再是一個個獨立的主題，而是彼此間有連貫的概念存在，學習時可以有擷取舊經驗學習新經驗的機會，老師和家長也可以在這樣的數學心智圖概念下，了解孩子面對的困難在哪裡，然後退一步再學習熟練一些。

就像是蓋房子要往上搭時都需要鷹架，有了鷹架，就可以一層一層往上蓋，如果哪一層不夠穩固，勢必會影響到往上一層，那麼

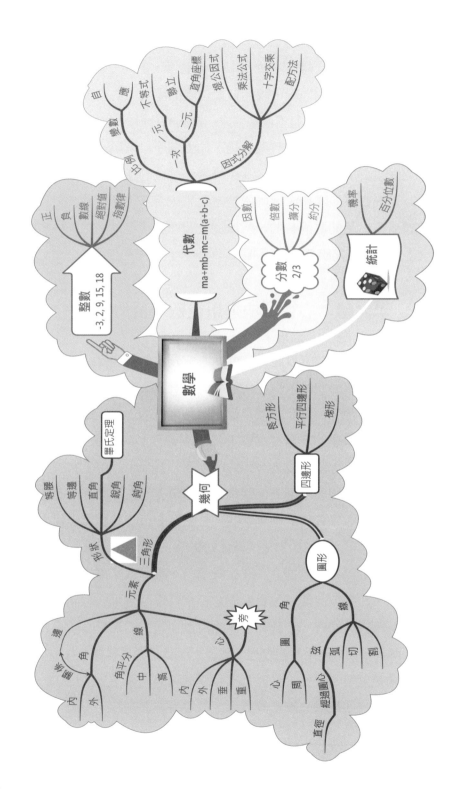

數學

代數
ma+mb-mc=m(a+b-c)

出例
變數
目
應
一次
一元
不等式
二元
聯立
直角座標
提公因式
乘法公式
十字交乘
配方法
因式分解

整數
-3, 2, 9, 15, 18

正
負
數線
絕對值
指數律

分數
2/3

因數
倍數
擴分
約分

統計

機率
百分位數

幾何

四邊形

長方形
平行四邊形
梯形

畢氏定理

等腰
等邊
直角
銳角
鈍角

形狀

三角形

元素

邊
角
角平分線
中線
高

內
外
垂
重

勞

心

圓

角
圓周
心

弦
弧
切
割

內
外
直徑
經過圓心
線

130

就一定要回頭檢查前一層是否夠穩固，接下來針對所在的位置再進行問題解決。

130頁這張數學心智圖是我根據國中數學內容製作而成的，從心智圖中可以了解到，國中的數學內容包含了**整數、代數、分數、幾何**和**統計**這五個類別，每一個類別之下分別有這個類別所在國中要學習的內容，其實與歷史科課程架構相似。從這張數學心智圖的類別上面來看，會發現不管是國小內容或是國中、甚至是高中的內容都包含有這五大類，只是每一類別裡面的內容在不同階段學的深淺程度不同而已。

所以如果能夠幫助孩子先了解他已經學了哪些數學內容，孩子們比較容易跟過去的學習產生連結。特別是在國中階段，很多的學生都認為數學好難喔！其實他不知道的是，這些概念的基礎他在小學都已經學過了。

若是我們可以喚起孩子過去學習的回憶，他就可以站在過去學到的經驗上，再往上學習；如果發現過去沒學好，也可以知道要在哪裡補強，而不會因此產生對數學的恐懼症。

那麼要從哪裡開始著手？要怎麼陪伴孩子克服數學恐懼症？

第一步是閱讀數學課本的目錄，做成數學內容的心智圖，幫助孩子了解過去已經學了哪些？然後當他在做更進一步的學習時，協助孩子對過去的經驗產生連結，不要讓孩子總覺得每個數學都是新的東西。

我會建議父母或老師在陪伴孩子完成數學內容的心智圖之後，可以把他每個單元所學到的公式寫在心智圖後面，這樣一來不僅可以複習到公式，同時也可以發現公式之間彼此可能出現的關係。

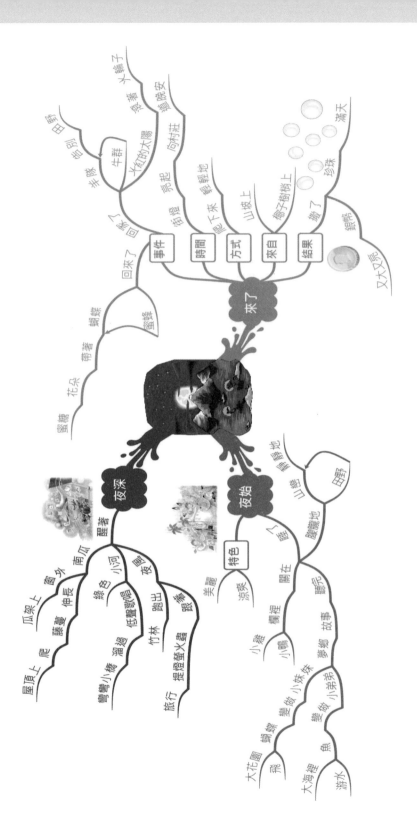

比方說在「幾何」的部分，以三角形為基礎，四邊形其實就是兩個三角形，圓形切開就是三角形加弓形，那麼在算面積或是邊長時，就可依此觀念去切割圖形，不需要去記特別形狀的公式，而是可以自己推演出計算的方法，這樣的學習才是思考力訓練的學習。其實數學最強調的就是思考力，而非多會算，計算可以用電腦代勞，而人腦必須要能夠學習根據線索，進行推理，找到答案。

筆記❸：心智圖法運用在國文科的學習

前面提到過要使用心智圖法來做為學習國文科的工具，除了文章本身要傳達出來的知識性意義之外，還必須要能夠注意到文章希望帶給讀者的意境和感受。因為國文科學習包括欣賞文學的能力和教會孩子欣賞到作者的內心，就要能夠與作者進行對話，而學會心智圖法就能聽到作者沒有說出來的話。

一張國文心智圖筆記的中心主題，當然就是文章的題目，接下來類別的選擇就相當關鍵性了，如果能夠掌握到作者真正想表達的意思，那麼分類與中心主題所產生的脈絡關係，就能夠帶給孩子意境與感受了。

以下就以曾經與南一出版社合作出版國中國文教學心智圖其中一篇〈夏夜〉為例，做為心智圖法在國文科學習上的應用例子。

楊喚這首新詩〈夏夜〉，主要是以時間軸（夏夜的來臨、夏夜剛開始、夜深時）將整個夏夜貫穿起來，藉由每一個時段出現的角色，表現出夏夜在不同時段所呈現出的豐富氣氛。

132頁是整首詩文完成解構的心智圖，中心主題是代表夏夜的圖

像，以夏夜「來了」、「夜始」、「夜深」做為主要的類別命名。採取掌握大方向的方式勾勒出整篇文章的輪廓，如下圖。

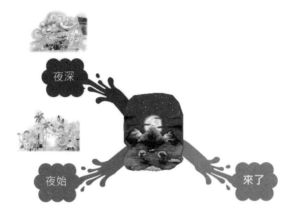

接下來在每一主類別下，分別將代表該時段的角色整理出來，以呈現每一段豐富的內容。

第一類別：來了

（原文）

蝴蝶和蜜蜂們帶著花朵的蜜糖回來了，

羊隊和牛群告別了田野回家了，

火紅的太陽也滾著火輪子回家了，

當街燈亮起來向村莊道過晚安，

夏天的夜就輕輕地來了。

來了！來了！

從山坡上輕輕地爬下來了。

來了！來了！

從椰子樹梢輕輕地爬下來了。

撒了滿天的珍珠和一枚又大又亮的銀幣。

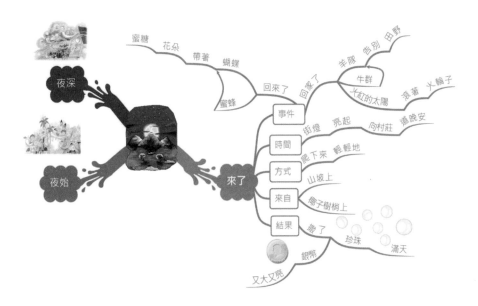

心智圖的筆記著重在分類階層化的整理，因此第一類別的內容描述是夏夜「來了」，根據心智圖法同一位階同一邏輯的概念，分為**事件、時間、方式、來自、結果**五個中類別。

再將「事件」分為**回來了、回家了**兩個小類別，依照原文的寫法將蝴蝶、蜜蜂、羊隊、牛群、太陽等角色，分別歸類在「回來了」和「回家了」兩個小類別之下，並且在每一個角色後面，對該角色的動作做一些描述。

然後再繼續將另外四個中類別相關資訊分別歸類到每一個對應的小類別之下。

第二類別：夜始

（原文）

> 美麗的夏夜呀！
> 涼爽的夏夜呀！

小雞和小鴨們關在欄裡睡了。

聽完了老祖母的故事，

小弟弟和小妹妹也闔上眼睛走向夢鄉了。

（小妹妹夢見她變成蝴蝶在大花園裡忽東忽西地飛，

小弟弟夢見他變做一條魚在藍色的大海裡游水。）

睡了，都睡了，

朦朧地，山巒靜靜地睡了！

朦朧地，田野靜靜地睡了！

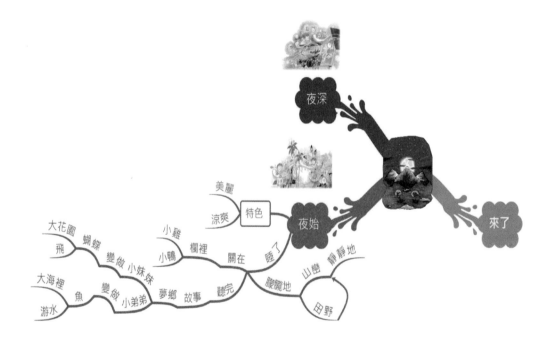

　　第二類別主要在描寫夏夜剛開始時，除了夏夜世界的美麗、涼爽之外，也藉由原本相當好動的幾個角色漸漸睡了，將夏夜從熱鬧帶入謐靜的氣氛中。因此在這個類別又分成兩支，一支形容夏夜的

特色，另一支以心智圖法中水平思考的方式將此階段的角色分類，
再用垂直思考的方式推演寫出分類後各個角色的動作。

第三類別：夜深

（原文）

只有窗外瓜架上的南瓜還醒著，

伸長了藤蔓輕輕地往屋頂上爬。

只有綠色的小河還醒著，

低聲地歌唱著溜過彎彎的小橋。

只有夜風還醒著，

從竹林裡跑出來，

跟著提燈的螢火蟲，

在美麗的夏夜裡愉快地旅行。

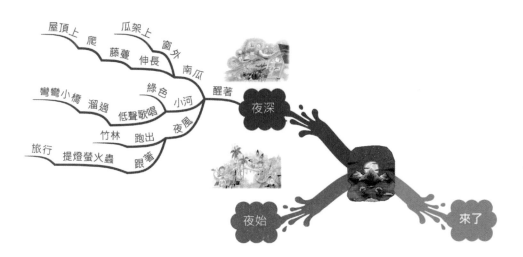

第三類別的時間來到了深夜，大部分的角色都已經睡了，但其
實夏夜仍然相當活潑，所以運用南瓜、小河和夜風的動作來呈現出

動態的深夜。

　　在這支類別後面的三個角色同一個動作都是「醒著」，因此以**醒著**當第一個中類別，三個角色**南瓜、小河、夜風**分別是下一階小類別，每一個小類別之後再以垂直思考方式對該角色的動作進行形容及描述。

　　由於國文課文強調意境與感受的傳達，運用色彩將心裡對資訊的感受表達出來，可以使孩子在接觸學習內容時，浸淫在該資訊所欲表達的感覺中，有助於提升學習效果。因此顏色與圖像的使用相較於其他科目就重要許多。

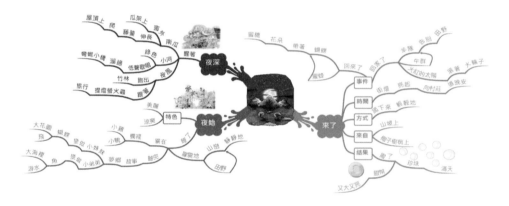

　　在顏色的使用上，第一類別：來了，因為接近黃昏，選用橘黃色做為主幹的顏色；第二類別：夜始，因為描述夜才剛開始，以寶藍色來代表；第三類別：夜深，因為是深夜，所以採用深紫色表示。

　　心智圖選用的顏色大多是參考愛德華・狄波諾（Edward de Bono）所著《六頂思考帽》和《六雙行動鞋》兩本書中對顏色的詮釋。圖像主要目的是增加記憶，因此在課文裡如果要用到圖像，我多會選擇取用課本裡原來的圖像，以便讓孩子可以直接將課本內容與心智圖產生連結。

好，到這裡已經看過好幾個範例了，現在請你帶著孩子，練習將〈台灣碧海水力發電廠〉這篇文章整理成心智圖筆記吧！

台灣碧海水力發電廠

台灣東部地區長期以來自產電力嚴重供應不足，必須仰賴核三廠與日月潭水力發電廠等其他地區電廠的支援。為了配合政府產業東移的政策，以及提升供電品質，減少從其他地區輸送電力產生的損失，故台電公司經行政院核定興建碧海水力發電工程計畫。

碧海水力發電廠興建地點位於花蓮縣秀林鄉與宜蘭縣南澳鄉交界處的和平溪中、上游。於1996年開始動工興建，2011年完工開始營運，總建造費用約新台幣165億元。由於電廠工區位於未經開發、人煙罕至的深山中，沒有道路前往勘查壩區，以及運送興建所需的大型機具與材料，在施工上具有相當大的難度，台灣電力公司因此引進了重型直升機吊掛大型機具的技術進行協助施工，為台灣大型工程的首例。

在設施方面，碧海水力發電廠的蓄水量為100萬立方公尺，水壩閘門高度有三層樓高，寬度有三個車道那麼寬，發電渦輪機的有效水頭416.8公尺，發電方式採調整池式，時間從上午10點到下午4點的用電高峰期，每年總發電量有2億3千7百萬度，可供應6萬5千戶一年的用電。

〔解答請參考 197 頁附錄❷〕

第 7 章

研究力up! 專題報告 發掘&解決問題不求人

　　從培養孩子的能力來說，能夠將課本的知識與生活中的經驗進行統整，再創造出新的知識，這種能力比死記硬背來得重要。資優教育學者蔡典謨認為，社會大眾經常在接受資訊，運用知識，習慣做一個知識的消費者，但人類文明要繼續進步，知識必須不斷創新，因此社會應鼓勵知識的生產，學校要重視知識生產者的培育。而自從多元入學管道開放後，獨立研究能力也被納為評選學生能力的一種方式。

培養孩子獨立解決問題的能力

　　為了培養具有獨立研究能力的孩子，必須要先讓孩子擁有研究型學習的技能，其實也就是一種問題解決的能力。研究性的學習是指孩子在成人的指導下，能夠自己蒐集、分析並選擇資訊資料，應用知識，去解決實際問題的一種學習方式。

　　在台灣的學生，大多是接受式的學習，較少能夠在學習中進行自主的思考。而當孩子能夠進行研究型學習後，就能夠繼續進行獨立研究。

「獨立研究課程」是一種從實踐中產生和發展新知的學習方式，當孩子具有獨自研究能力時，就可以依照自己的興趣，挑選主題，訂定研究計畫，選擇適當的研究方法，有效的蒐集資料、分析與解釋資料，進而形成研究結果的能力。

獨立學習、獨立研究已經普遍被列為教育基本能力之一。要培養孩子進行研究型學習，首先應以孩子的興趣、需要、能力為考量。這樣的學習其實在不同的年齡階段都可以進行，只是必須依照孩子的認知發展，提供必要的協助。

循序漸進，從習慣提問開始

剛開始孩子當然不可能立刻上手，自動進行研究型的思考，而是必須循序漸進的養成，對於生活中所看到的現象，引導他養成提出疑問的習慣。這就是在前述閱讀與文章筆記所希望運用心智圖法來培養深度理解思考的能力。

心智圖法的思考方式可以幫助孩子看到問題背後的問題，進而引發自己去探索相關領域知識的興趣。文藝復興時期達文西被譽為「天才中的天才」，就是因為他喜歡從生活當中去觀察萬事萬物的各種現象，並找出它們的原因或脈絡。

因此，初期家長們最好可以在一旁協助孩子對有興趣的題目進行加深加廣的思考，而心智圖法的水平式思考及垂直式思考就可以幫助孩子在這種思考形式中進行多方面的探索。

陪伴孩子藉由網路看到更大的世界

首先，在孩子年紀較小時，可以從蒐集整理資料開始進行。現在網路發達，陪伴孩子正確使用網路來幫助自己學習，讓孩子可以

藉由無遠弗屆的網路看到更大的世界，激發更多的想像空間。然後從蒐集到的資料進行整理，發展出自己要去具體嘗試的計畫，決定要用什麼樣的工具幫助自己從這樣的活動中獲得知識，最後在進行實際體驗後，能夠統整所有的過程及習得的知識，進行知識管理。如此一來，就能將這些經驗納入孩子自己的基模，成為未來學習的基礎，往上堆疊培養出問題解決的能力。

親子一起做暑期小專題探索作業

我的女兒就讀的小學是一所小而美的學校，色彩豐富的兩層樓校舍在台北市並不常見，孩子在這裡讀書少了很多壓迫感。學校裡的老師也都具備相當教育專業能力，所規劃的各種學習活動都能夠依著孩子的興趣融入日常生活中，逐漸地在六年學習過程培養出目標性的能力。

從女兒三年級開始，在寒暑假就有一份小專題的探索作業，因為父母親通常在孩子放長假時，比較能夠做長時間的陪伴，孩子也少了明天就要交作業的壓力，所以親子可以一起選擇一個有興趣的主題進行深度探討。

我的孩子一直很喜歡參觀博物館，特別是海洋博物館，裡面各式各樣的魚生態，常常讓她流連忘返。台灣屏東有一個具世界規模的國立海洋生物博物館，在她三年級的夏天，我們決定要一訪國際級的海生館，並且要首度體驗夜宿海生館。

之前我就聽說要夜宿海生館非常不容易訂到，特別是在暑假期間是個大旺季，通常必須要在一開放預訂時就立刻下手，不然的話好時段就會秒殺一空。

於是我和女兒上網查了其他人的經驗分享，了解到必須在四月左右就隨時注意海生館所公布出來的訊息，以便能夠即時報名。非常幸運地，我們在一開訂就選到了想要的位置，接下來我和女兒就開始計畫怎麼進行這一次的探索活動。

上官網查詢資料，依孩子興趣做分類

首先我先讓孩子上海生館網站去了解我們即將住宿的海底隧道裡面到底有哪些生物？她發現琳瑯滿目有非常多的海洋生物，於是從心智圖法的分類概念，我們就將裡面她有興趣的海洋生物分成「魚類」和「珊瑚類」；而在非常多的魚類中，我們從孩子怎麼看這些海洋生物的觀點，繼續分成「可愛類」跟「兇猛類」，以及比較常見的魚類。（可對照看144頁的完成版簡報心智圖）

這時候的分類盡量以孩子的眼光來進行，以便孩子在接受新知的過程中，順利納入自己原有的經驗。我們挑出的幾個海洋生物大部分都是女兒曾經在〈海底總動員〉這部電影裡面看過，所以她對於去海洋生物博物館實地看看牠們的真實樣貌非常感興趣。

接著我們又從網路上其他人的經驗分享中，了解到海底隧道裡面總共分成三段，每一段都各有特色。我們訂的是在第二段，電扶梯的這一段，因為這一段晚上魚會在我們的身邊睡覺，早上還會在我們的頭頂上游來游去，叫我們起床，真是非常令人期待啊！

用心智圖計畫行程及整理主題活動

居住在城市裡的小孩，出門大多有爸媽開車，比較方便舒適，特別在孩子較小的時候。那年女兒剛滿10歲，我認為應該可以開始讓她學習對自己的旅行有一些承擔，並且能夠對於方位有更多的感

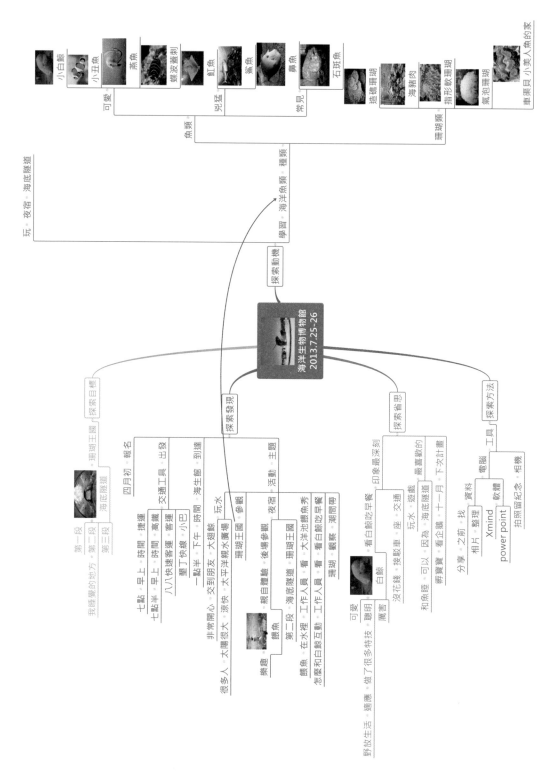

海洋生物博物館
2013.7.25-26

覺。因此這一次我不打算自己開車去屏東，而是選擇讓孩子有機會體驗台灣的大眾交通運輸工具。

於是我們就在出發之前，先對這兩天的時間做了計畫。由於我們希望到達海生館後，在報到前可以有時間先到太平洋親水廣場玩玩水，集合的時間是下午四點，所以我們預計下午一點半左右到達海生館。把時間往前回推，我們要搭捷運、高鐵、客運和小巴的時間就分別列出來了。

而從海生館提供的介紹，我們發現活動可以分為玩水、參觀住宿的區域，晚上夜宿海生館還有一些活動，第二天早上起床可以看餵魚秀、看白鯨吃早餐，然後回到潮間帶去觀察珊瑚生態。

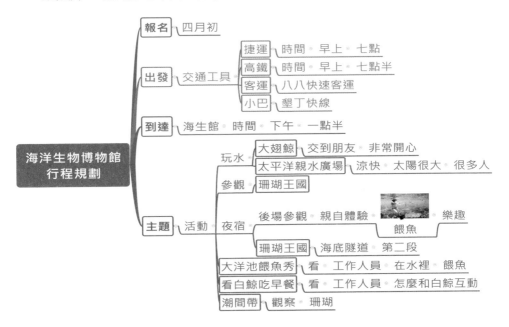

由於在出發前我們曾經用心智圖法對於行程做了全盤計畫與了解，女兒一路上都非常清楚這一次我們要去玩的目的、有興趣的東西有哪些？需要把什麼樣的資料蒐集回來，以便完成學校的小專題

作業。對於時間的掌控，孩子也能夠清楚接下來要進行什麼活動，展現出自己對時間的拿捏，不會在某個她很愛玩的地方玩過頭，以致耽誤了接下來的行程。

　　回來以後，她用心智圖法把所有相關的資料，依著學校小專題作業的要求，分類整理成「探索動機」、「探索目標」、所使用的「探索方法」、「探索省思」與「探索成果」，接著才陸續將細節整理出來，最後使用ppt簡報檔將這一次兩天一夜的海生館探索活動內容呈現出來，以便做口頭報告。

　　147頁和148頁是這份暑期小專題作業的簡報檔貼圖。下面這張圖是ppt簡報檔的最後一頁，訂下目標，我們母女倆約好11月還要去看企鵝孵寶寶！

　　時間已經過去三年了，那一次的旅行，女兒對於整個過程依然歷歷在目，到現在都是津津樂道的一段美好經驗。

夜宿屏東國立海洋生物博物館

國立海洋生物博物館
NATIONAL MUSEUM OF MARINE BIOLOGY & AQUARIUM

2013.7.25-26
製作人：Fiona
指導者：媽媽

目錄

- 探索動機
- 探索目標
- 探索方法
- 探索省思
- 探索成果

探索動機

我和媽媽想感覺住在海底隧道和魚一起睡覺的樂趣，還有了解魚的生活。所以我們決定今年暑假來去「夜宿海生館」。但是這是一個很熱門的活動，常常都額滿，所以媽媽早在四月份就先訂了住宿的票，安排這次的旅行！

探索目標-玩水

太平洋親水廣場

鯨鯊池

探索目標-白天和晚上的珊瑚王國-1

早上的海葵肉，像花朵盛開，

晚上的海葵肉，都合起來睡覺了。

探索目標-白天和晚上的珊瑚王國-2

早上的時候，小丑魚在海中游來游去

晚上的時候，小丑魚被海葵包在懷裡睡覺。

探索目標-夜宿海底隧道-1

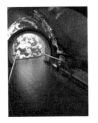

我最重要的探索目標包括，珊瑚王國裡的海底隧道。海底隧道有三段：
第一段像個包廂可以睡一個家庭。

探索目標-夜宿海底隧道-2

- 第二段就是我們睡覺的地方，這段的景色最浪漫，不但魚會在我們頭上游來游去，早上的時候，上面的天窗會讓陽光灑到我們身上，彷彿在叫我們，起床囉！

我們還沒起床，鯊魚和魟魚
早就在我們頭上巡邏了！

清晨時，陽光從天窗灑下來，
真美麗！

探索目標-夜宿海底隧道-3

• 第三段雖然也有魚在我們身邊游，但卻有恐
  怖的沉船，我走過船長室的時候裡面有骷髏
  頭，所以我一直抱著媽媽，也不敢睡在那裡。

探索方法

我們用的工具有電腦和相機。

相機是拿來拍照留紀念的。

電腦是用來找資料，幫助我們找之前別人
分享的經驗，和整理拍回來的照片。還使
用電腦軟體，我用的軟體有Xmind和Power
point這些都很好用。

探索省思-1

這次的海生館讓我印象最深刻的有；看白鯨
吃早餐，因為他做了很多特技，不過這不是
要表演給我看，那是因為要讓他適應動物
醫生的檢查，還有以後的野放生活。

探索省思-2

讓我最喜歡的有；玩水因為可以交到許多好
朋友，還有住在海底隧道也很有趣，因為可
以看魚一起睡。

探索成果-1

這次的海生館之旅，讓我體會了魚的種類、
親身體驗餵魚的樂趣。

探索成果-2

多虧要謝謝媽媽和解說員，因為如果媽媽沒
有幫我訂這個旅遊，我就沒辦法去了！

探索成果-3

^ 謝謝帥氣的寬寬哥詳
細而耐心的解說讓我們
了解魚和珊瑚的種類還
有他們的名字。^

第**8**章　寫作力up! 建立孩子未來進行專案能力的基礎

　　早期的寫作比較重視呈現的文章作品，近年來已經逐漸轉向以過程為導向，重視孩子寫作時思考的歷程。

　　在陪伴孩子寫作的時候，我們必須清楚知道，寫作主題如果與孩子的生活經驗有關，可以增強寫作的動機，所以題目最好選擇他有興趣的，這樣他才能根據題目選擇適當的材料內容來寫作；其次一篇好文章還得講究「結構組織」，也就是按照某一種邏輯去組織寫作的材料內容。

❧──── 用全圖心智圖讓孩子看圖說話 ────❧

　　看到好的文章，除了字裡行間優美的詞句，重要的是我們要學會文章的架構。而如果我們既要學會這篇文章的架構，又不想被文章中的文字所影響，變成一篇抄襲的作文，這時就可以用全圖心智圖的方式，呈現出優美的文章架構，來讓孩子看圖說話。

　　這其實也是一種學習寫作文的方式，就像寫書法需要臨帖一般，寫作文其實也可以做這樣的練習。於是我讓孩子在第一階段以心智圖的方式來幫助記憶，到了第二階段就讓孩子看著像150頁〈木

蘭詩〉這樣的全圖心智圖，說出這篇文章主要在說些什麼？然後依著這個架構讓孩子用自己的話自己完成他寫出來的作文。

❧———「仿寫」就是文章寫作的臨摹———❧

當孩子可以看圖講故事之後，接下來就讓他們採用「臨摹」的方式培養初步的寫作能力。

「臨摹」除了背誦一些優美的文章，就是要從「仿寫」著手。它是結合閱讀跟寫作的最基本形式，選擇優秀的範文佳作，讓孩子模仿文章中的形式結構與內容佳句，學習如何起承轉合、立意取材、組織結構、段落修辭、表現手法或句子形式等等，在模仿過程中，不但可以領悟創作文章的訣竅、提升作文能力，也可以享受寫作的樂趣。

所以「仿寫」就是文章寫作的臨摹，類型大致可以歸納成「形式仿寫」、「內容仿寫」與「綜合仿寫」。形式仿寫又可細分為語言、結構、體裁和表現手法的仿寫，其中結構仿寫是指對範例文章組織構造方式和整體布局安排的模仿，包括人物、事件處理，以及起承轉合的設計、層次與段落的配置等模仿。

心智圖法四大核心關鍵之一就是放射性的樹狀結構，形成心智圖的樹狀結構主要是分類層次與因果的關係，因此在結構仿寫的訓練上，心智圖法是一項有效的策略。

從國語課本選材，從課文來學作文

至於選材可從學校的國語課本著手，因為一定是優美的文章才會被選入國語課本，所以從課文來學習作文也是一個相當好的方

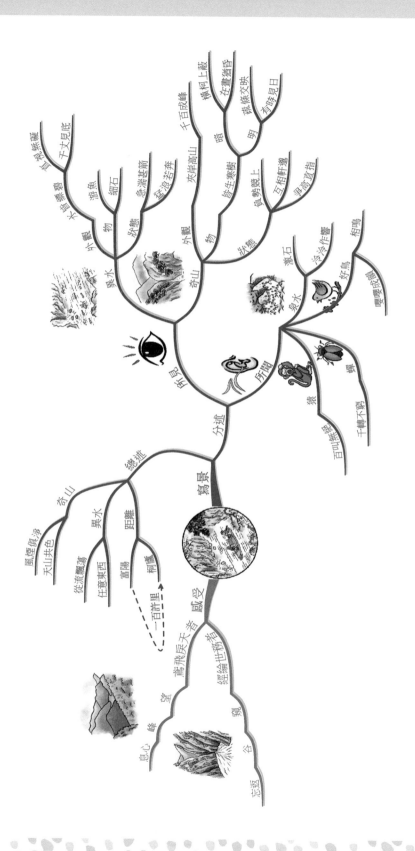

式。老師、家長可以選取適當文體的文章，協助孩子以心智圖法的方式進行解構，了解這篇文章的基本架構後，將心智圖裡可以自由發揮的地方改成空白，然後讓孩子自己填上自己的想法，最後利用這些關鍵字，依文章架構整理出一篇結構完整的文章。

用心智圖法學習仿作：〈與宋元思書〉

透過仿寫來訓練孩子的寫作能力，做法是先根據範例文章中的內容，整理出包括原文內容的心智圖。以下以南朝梁・吳均〈與宋元思書〉這篇古文做例子，為大家說明怎麼用心智圖法學習仿作。

❶ 風煙俱淨，天山共色，從流飄蕩，任意東西。自富陽至桐廬，一百許里，奇山異水，天下獨絕。

❷ 水皆縹碧，千丈見底，游魚細石，直視無礙。急湍甚箭，猛浪若奔。

❸ 夾岸高山，皆生寒樹。負勢競上，互相軒邈，爭高直指，千百成峰。

❹ 泉水激石，泠泠作響；好鳥相鳴，嚶嚶成韻。蟬則千轉不窮，猿則百叫無絕。

❺ 鳶飛戾天者，望峰息心；經綸世務者，窺谷忘返。橫柯上蔽，在晝猶昏；疏條交映，有時見日。

基本上，依文章的內容來看，第一段是先總述富春江從富陽到桐廬所見「奇山異水，天下獨絕」，接著第二段到第四段再分述「異水」及「奇山」的景色。因此心智圖就依照這樣的結構，將這四段分成總述和分述兩支支幹。由於這四段都是在「寫景」，因此以寫景這個概念做為文章第一個主幹，也就是心智圖樹狀結構的最上位階

概念，「寫景」的次一階概念就是「總述」和「分述」。

　　總述支幹對應文章第一段，主要是在說明從富陽到桐廬的距離，以及這一段擁有奇山異水的絕妙風光，因此「總述」這支支幹下再分成**奇山**、**異水**及**距離**三支次支幹。再將與「奇山」、「異水」各自相關的遊覽描述，分別歸納於其後。而在「距離」的部分，則運用心智圖法以樹狀結構為主、網狀脈絡為輔的思考方式，僅於次支幹上寫出地名，然後在**富陽**和**桐廬**兩個地名之間加上連結線，標示**一百許里**，除了可精簡資訊量，也使其意義更為清楚。

　　而分述支幹對應文章第二、三段是運用視覺摹寫，第四段則是運用聽覺摹寫。所以在「分述」這支支幹中，又再分為**所見**、**所聞**兩支次支幹。

　　在「所見」這支次支幹依序對異水及奇山做更進一步描述。為了讓孩子在閱讀152頁的心智圖時更容易了解這篇文章結構，對「異水」及「奇山」的描述又分為**外觀**、**物**、**狀態**三支次支幹，以方便孩子比對、歸納文章內容。又因「外觀」、「物」、「狀態」三者都是對「異水」及「奇山」進行同一個邏輯的描述，因此使用心智圖法水平思考的方式將它們並列同一位階。

　　「異水」的「外觀」部分，主要是一看就見到**水皆縹碧**，接著才進一步形容為**千丈見底**及**直視無礙**；「物」的部分指出水中同時有**游魚和細石**；水的「狀態」則是用**急湍甚箭**和**猛浪若奔**形容。

　　「奇山」的「外觀」部分，以**夾岸高山**來描述，更進一步的說明是**千百成峰**；山上的「物」就是「寒樹」，這裡再納入最後第五段的補述內容，寫從舟中仰觀近景，因樹疏密不同而分為**暗**跟**明**兩種情景；至於山的「狀態」，則以**負勢競上**、**互相軒邈**、**爭高直指**來形容。

再來談到分述的第二支次支幹「所聞」，依文章內容分出**泉水、好鳥、蟬、猿**四支次支幹並列，讓孩子一目瞭然，很容易聯想牠們各自發出何種聲音。

　　第二個樹狀結構是描述作者的感受，因此在心智圖當中的第二個主幹寫上感受這個概念，從它又分成兩支支幹，分別是**鳶飛戾天者**及**經綸世務者**，接著再說明作者認為這兩者在看了**峰、谷**之後的感受。

　　〈與宋元思書〉這篇文章從「視覺」與「聽覺」兩方面來描寫景物，並運用了譬喻、轉化、誇飾等修辭，使內容更為多元、有特色。家長、老師在讓孩子練習作文仿作時，可以先引導孩子透過水平式的思考方式，以及修辭法、想像力的使用，由視覺、聽覺兩方面出發，多方思考可從什麼角度、可用什麼方法來形容我們周遭的景物，以啟發創意思考的能力。

填空心智圖，練習作文仿作

　　接著指導孩子模仿〈與宋元思書〉心智圖結構，掌握「總述」、「分述」的寫作概念，分門別類寫出寫作需要的材料，自己組合完成一篇作文。

> 在指導孩子寫作時，可以先讓孩子就他所要寫的主題進行水平式思考（選擇要介紹什麼特色），再以垂直式思考（這些特色包括哪些內容）深入說明，多增加一些寫作素材，或是在聯想到的素材中找出彼此之間的關聯性，並且寫出從這些特色中獲得的感受，以使最後寫出來的文章有前後呼應的效果。

155

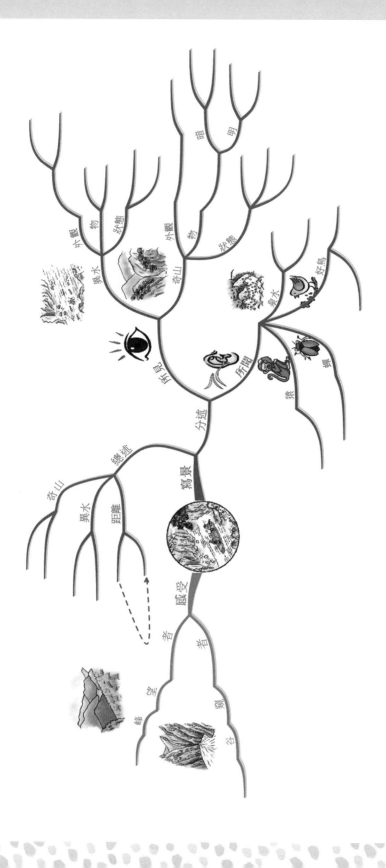

明

暗

好鳥

泉水

好觀 物 狀態 猿 蟬

奇山 所聞

好屬 物 狀態

異水 所見

分述

奇山 總述

異水 距離 寫景

感受

者 者

望 親

峰 合

下面文章是以156頁的填空心智圖，讓孩子自由發揮，依自己想法填上關鍵字所寫出來的作文。

多年前有機會到著名的大溪花海農場一遊，令我印象深刻，直到現在，我還記得那一大片好漂亮的花田。位於桃園縣大溪鎮的大溪花海，在十九世紀時本來是栽種香茅的，近代才開始種植許多花卉，發展到現在，除了有美麗的花園之外，還有廣闊的農場。

這裡的花園也分成很多不同的區域，包括種滿了紫色薰衣草的「紫色夢幻區」、種了各式香草的「愛麗絲香草園」、提供植栽教學與花卉販售的「花海育嬰房」，以及叢生多種多年生灌木植物、各色花朵的「風情萬種區」，實在令我目不暇給。

農場部分，在「小牛仔」牧場可以餵食小牛、小羊這類小動物，這種互動真是難得的經驗。還能在「小蜜蜂生態屋」了解到蜜蜂是如何採花蜜的。這裡實在是一個適合全家一起來旅遊的地方，只需要帶著一顆輕鬆愉快的心、準備欣賞美景的眼睛來到這裡就好。

大溪花海擁有的美景和設施，對於愛好自然的人來說，一定能感到心曠神怡；如果是對動物很有興趣的人，透過和小牛、小羊的互動，想必也能一開眼界。雖然我很久沒有再去大溪花海了，但是當時那樣的美麗景觀依舊存在我的腦海裡，難以忘記那一片五顏六色的花海帶給我的震撼，這樣的感動會一直存在我的心中。

❧── 帶孩子練習做仿寫的心智圖 ──❧

在這個單元我們再以沈芯菱〈我的夢想〉這篇文章，進一步說明在老師、家長的帶領之下，如何讓孩子清楚一篇文章的結構是怎麼建構的。做心智圖的目的是要讓孩子更清楚理解文章的結構與內

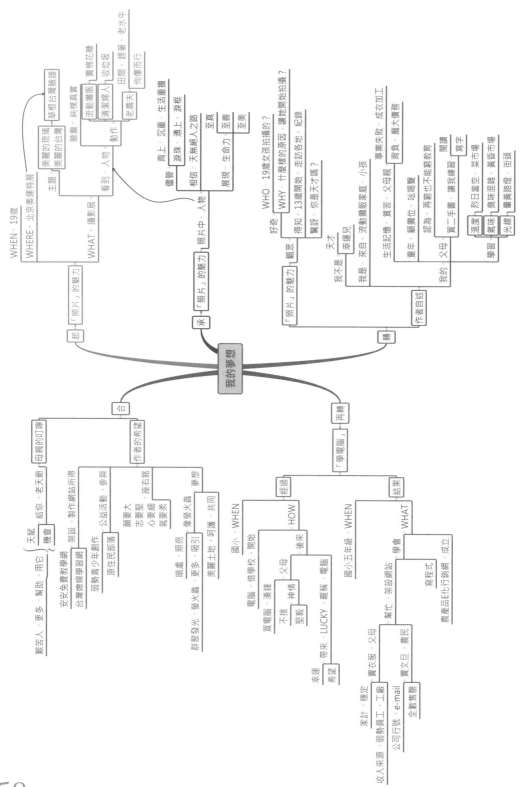

158

容，因此158頁這張心智圖的內容與一般的心智圖讀書筆記略有不同，上面多加了一些結構概念的階層。

例如在第一階先列出**起、承、轉、合**，讓孩子熟悉寫作的基本架構包含這四個部分，再找出文章中哪幾個段落屬於破題部分（事情的原因和動機），將內容整理到「起」這個支幹下；進一步鋪陳、補充說明破題內容的段落，整理到「承」；改變原先的發展部分，整理到「轉」；最後把事情的結局、心得、收穫、啟發等內容，整理到「合」。

同樣的道理，為了讓孩子理解這篇優美的文章是如何鋪陳結構，在「起」、「承」、「轉」、「合」的分支之下，除了擷取內容的關鍵字之外，也要增加幾個階層說明它的內容是在講什麼。

例如「起」的部分，作者是以**「照片」的魅力**來破題，因此增加了這個位階，內容包括了 WHEN、WHERE、WHAT 這幾個方向，所以我們也在心智圖當中增加這幾個項目的階層概念。

剛開始練習做仿寫的心智圖時，可以在老師、家長的協助下完成，等孩子慢慢熟悉方法之後，再讓他們自己獨立去完成。沈芯菱〈我的夢想〉這篇範例文出自康軒版國小六年級國語課本第二課，課文電子檔參考網址：http://goo.gl/qJDf04（引自沈芯菱官方網站）。

模仿文章架構，學習寫作技巧

根據158頁這張心智圖，讓孩子了解一篇佳作文的結構，以及內容的關鍵字之後，把原文的內容關鍵字刪除，只留下結構，讓小孩以相同或類似的主題，在原結構心智圖中，依據新題目把自己想寫的素材，以關鍵字或短句的方式，填寫到空白處。

填寫時不一定全部依照原來的結構名稱，可以做必要的改變，

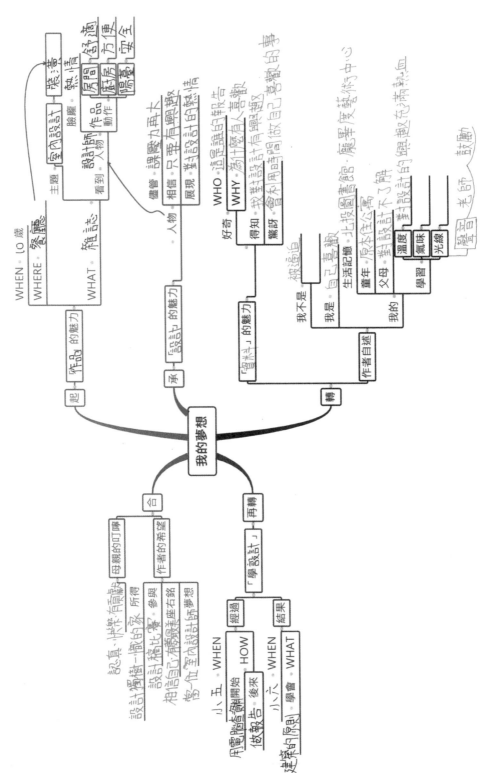

以便讓內容更通順。而且不見得全部的結構都要用上，如果在新主題中派不上用場，可以省略；或是為了讓內容更完整，也可以增加適當的結構分支。

在空白處大致填寫完畢之後，讓孩子看著填好的心智圖，唸出擬寫作的內容，看看通不通順，如果覺得卡卡的，或是段落內容銜接不上來，可以再修改或增補心智圖當中的關鍵字。

最後依照心智圖的結構，以及填進去的關鍵字或短句內容，寫出一篇新的文章。

孩子在寫作過程中，可能還會有新的內容出現，或想要稍微修改架構，這都是可以接受的，畢竟我們的目的是想讓孩子模仿一篇好文章的基本架構，學習寫作的技巧，而不是要扼殺他們的創造力。

下面這篇文章是我女兒小學六年級的時候，根據〈我的夢想〉文章心智圖架構所寫出來的仿作：（大家在看文章的同時，可以一邊對照160頁那張心智圖）

我的夢想

在我十歲那年的一個傍晚，我和媽媽一起在一條寧靜的小巷裡吃晚餐，吃飽後我隨手拿了一本雜誌閱讀，後來翻到了一頁拿室內設計當頭版的文章，我看到了那些設計師的作品，他們所設計出來的房間讓人感到舒適、廚房讓人感到方便、創意陽台讓人感到耳目一新，他們對設計的熱情，是非常值得人家學習、了解的。

之後我就慢慢開始閱讀設計的相關文章，那個時候儘管我的課業壓力再大，不過我相信只要我有興趣，就可以展現出對設計的熱情。

有一天我的設計閱讀筆記被社會老師撿到，她就很好奇地問：「這是誰的報告？」「誰會對這個有興趣？」後來老師知道我對設計很

有興趣，到現在老師看到這一類的文章都會興致勃勃的與我分享，老師也很驚訝我會利用課餘時間來完成自己的興趣。因為我並不是被逼迫要學設計，我是自己本身就對設計充滿興趣。

在我的生活記憶裡北投圖書館就是利用不同的原則建造出來的綠建築，和去年才去的法國龐畢度藝術中心，在那裡我也看到許多獨一無二的設計。小時候原本是住在高樓林立的公寓裡，很單調，加上我的父母親對設計一點都不了解，所以我必須自己好好學習。

國小五年級時，開始學習用電腦查詢資料，接著再將蒐集到的資料做成報告印出來。當我小六的時候，我已經可以掌握到一些建築的原則和想要達到的目的。

我希望我所有學習到的都可以為需要設計家的人設計出一間獨樹一幟的房子，我也希望我可以參加一些設計稿的比賽，媽媽對我的學習只要「認真、快樂、有貢獻」，這樣就已經足夠。所以我相信只要有夢想就一定要去做，「相信自己，有夢最美」是我的座右銘，沒有事情是做不到的，只要想要，就一定要試試看。

這種運用心智圖的仿寫方式，可以讓孩子在腦海中，建立許多優秀文章的各種類型結構。孩子未來面對考試也好，自己有興趣寫作也好，看到題目時，在腦海中思考一下，找出較適合的結構，發揮想像力與配合平時對修辭的素養，便可在最短的時間內寫出精彩文章。

第 9 章

反應力up! 抽象變具體
快速記憶把大腦活化了

增強記憶的方法運用到學習上，除了記住所繪的心智圖之外，還可以將本來沒有關係的關鍵詞，運用情節記憶的方式串聯，成為有情節脈絡就會好記許多。

但是在安排記憶時，用上增進陳述性記憶的方法之餘，還可以再加上空間記憶，這樣就不僅能記住不相關的關鍵詞，也可以一併記住這些關鍵詞的分布方位。

快速記憶「台灣原住民分布」大考驗

以記憶台灣原住民的16族為例，大部分記憶方式就是讓這十六族的排列順序唸起來好記就好了，但是若換成心智圖法運用空間和情節記憶的記憶方式，首先我會去思考關於原住民16族的考題都是怎麼考的？

大部分都會以地理位置、人數多寡，以及從哪一族再分成哪幾族這幾個方面來進行測驗，而分布地理位置通常是必考，所以在繪製心智圖時，中心主題會是「台灣」，然後我會再一一排上各族所在的位置。

　　然後根據記憶原理以不超過7個的方式進行分類。我會以中央山脈為中心，將16族區分成右上、右下、左上、左下四等分——

　　右上：泰雅族、太魯閣族、撒奇萊雅族、阿美族

　　右下：噶瑪蘭族、卑南族、雅美（達悟）族

　　左上：賽夏族、賽德克族、邵族、布農族

　　左下：鄒族、卡那卡那富族、拉阿魯哇族、魯凱族、排灣族

❶ 將每一族的名稱多唸幾次，增進對各族名稱的熟悉度。唸到不好記的，就發揮想像力創造出一個畫面幫助記憶，例如「卡那卡那富族」，可以想像天上掉下很多金幣「卡拉卡拉」響個不停，讓我變成「富」翁。

❷ 再取每一族名稱的第一個字諧音當成記憶掛勾，運用故事聯想的方式串成故事就比較容易記憶了：

　　右上：太太殺鵝（泰、太、撒、阿）

　　右下：胳臂癢（噶、卑、雅）

　　左上：曬曬掃布（賽、賽、邵、布）

　　左下：走，卡拉滷排（鄒、卡、拉、魯、排）

太太殺鵝的時候，胳臂很癢。

曬一曬清掃出來的布，走，去買卡拉脆雞跟滷排骨。

另外，多聽一些關於原住民的故事，也能夠豐富我們在故事情節上面的材料，幫助進入長期記憶。

把抽象數字變具體的記憶法

關於數字記憶的部分，在中小學階段直接運用記憶方式去記的機會並不多，坊間的快速記憶常常會表演一次記幾十、甚至幾百個沒有關聯的物品或數字，但是在我們的學習中，哪時會需要這樣記大量的無相關物品？例如圓周率，除了小學用到3.14的數字之外，我們一般都是使用 π，不會用到3後面多少位小數的數字。之所以讓大家練習記憶圓周率3後面大量不規則的小數位數，用意是在做記憶的練習，因此記多少不是重點，重要的是要能夠運用練習記憶技巧，幫助我們在學習史地等科目時記憶年代日期或相關數值。

把抽象數字變成具體圖像

數字原本是相當抽象，先將數字以具體的圖像連結，像是小時候剛開始學數字的時候，大人會把數字形狀跟小孩熟悉的物品做連結，同時編成口訣幫助記憶。像是「1什麼1、鉛筆1，2什麼2、鴨子2……」等，像這樣將抽象的數字轉成圖像，幫助我們記住彼此本來無意義的數字，接著再用這些具體的物品加上語意情節就容易記住了。

把抽象數字轉成具體形式

例如要順利說出三十六計裡的第幾計是什麼，就可以運用這種方式將數字與計名串聯起來就不容易遺忘。舉例來說，【第一計：瞞

天過海】，你可以想像拿一支鉛筆「1」將一幅有天有海的畫塗黑；【第四計：以逸待勞】，可以想像一個人坐在帆船「4」上悠閒休息的樣子。將數字的形狀轉成具體形式，然後跟要記憶的內容編上情節就會很容易記住了。

在學習的過程中，記憶是相當重要的一環，不過仍然必須奠基在理解之上，記憶對於學習才會有幫助。記住很多或是記得很快，並不是學習的主要目的，但是多做記憶遊戲的練習，對活化大腦相當有幫助，除了讓腦神經的連結變快之外，也能夠增加學習的樂趣。

小提醒

- 四大核心關鍵是筆記的基礎。抓到關鍵字，畫對重點，做好分類階層化，可以清楚看出孩子到底懂不懂。
- 學習就是生活，生活就是學習。小專題作業的呈現，應用心智圖法統整生活經驗，讓孩子感受到生活中處處是學習。
- 筆記不是講光抄，自己做的筆記，不僅能夠看到理解程度，也可以增加記憶效果。
- 運用空間記憶和故事聯想的記憶，讓孩子有意義的整理瑣碎知識，將本來沒有關係的片段意義化。

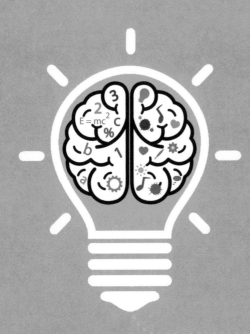

看到成長的軌跡 從學習中建立自信

~驗證期~

從學習中建立孩子自信的能力，當學習有成效，孩子就容易學會時間管理，不然單單要克服心理對於學習的無力感，就要耗費很大的能量，消耗很多的時間，等到回過神來，時間早已流逝，容易形成排斥學習的惡性循環。

◆ 父母親也永遠不要放棄自己的學習，只有藉由學習才可以讓自己的人生永遠充滿希望。

第 10 章 生活力up! 在交叉路口選擇走正確的捷徑

　　算一算從我開始學習心智圖法到現在已經近十年了，女兒也從一點點大，到今年即將小學畢業了。這十年當中我看到孩子在學習上的成長，面對學校的課業，她的臉上總是有股「我知道怎麼樣叫做念完」的自信。

　　每次考試之前，她自己很清楚已經完成了多少，還需要用多少時間來念完還沒念的部分。所以我們常常有機會在她考試前一天，還出去玩、看舞台劇、聽音樂會，這都是因為她可以很清楚地掌握自己讀書的進度與實際學習的狀況。

迎接挑戰，面對問題不逃避

　　整個小學階段，女兒總是能夠自己順利地完成回家功課，不需要父母催促著寫。有些時候她對老師上課內容不是那麼清楚，她也會主動說要先用心智圖做做看，知道哪裡不會再請大人幫忙。由這點來看，心智圖法果然已經成為她理解學習的工具了，從小就接受薰陶，遇到問題願意自己先嘗試去了解和學習，我想這是在學習上最重要的態度。

遊園經驗，看見孩子的成長

學校教室裡的學習，主要目的之一是培養孩子有能力解決在生活中遇到的問題。2015年暑假，我因為參加在丹麥奧登斯舉行的世界資優教育年會，順便帶我女兒一起去歐洲玩了一圈，巴黎迪士尼樂園當然是一定要去朝聖的。這次我刻意事前不做遊園規劃，而是讓女兒去到現場再做決定，我的用意在於驗證過去以心智圖規劃暢遊東京迪士尼的經驗，是否已經內化成為她的能力。

腦中有隱形的心智圖

果然入園第一件事，她去索取了一張遊園地圖，之後立刻找尋哪些是「必玩」，哪些是「有時間再玩」，哪些是「有FastPass」，哪些是「沒有FastPass」。然後開始決定先去拿哪一個遊戲的FastPass，進場時間還沒到之前先去玩哪一個排隊人少的遊戲……，看到她極有條理的規劃安排，不就是心智圖法所強調的分類、順序與因果關係概念的體現嗎？也就是她不需要畫出一張心智圖，已經能夠實際運用心智圖「法」來解決問題。

驚豔！在交叉路口的決斷

令我更難忘的是，當天我們一直玩到很晚，要去看最後一個節目「冰雪奇緣」的表演時，不但天色已黑，還下著大雨，眼看接近演出時間了，我們又有點迷路，這時我原本想放棄了，但我女兒超愛看這個節目，於是她自告奮勇說要「帶路」，一路上只要走到叉路口，她就抓個路人不假思索地詢問表演場地怎麼走，最後我們不僅順利抵達，而且沒有誤點。從她當下的表現，除了驗證英語的學習

成效之外，最重要的是心智圖法帶給她的思考能力。

在心智圖樹狀結構中，每一支支幹都可以延展出不同的可能性，就是心智圖法的水平思考。當女兒帶我走到交叉路口時，她清楚知道每一條路都是通往不同的遊樂區，雖然走錯了可以繞回來，但在時間有限的情況下，她必須選擇正確的捷徑。

給他魚吃，不如教用最好的釣竿

孩子未來的世界已不是大人所能夠想像的了，過去不曾出現過的職業，在這幾年如雨後春筍般地冒出來，對於這麼多的未知，你如何能夠期待孩子準備好一切再來面對？唯有給孩子最好的釣竿，教他學會使用，他才會有機會釣起他心目中最想要的那條大魚。

而我也曾經認為自己不喜歡讀書，過去讀書時期，心中一直有個很大的願望，就是當我大學畢業以後，我就再也不想念書了。我想這應該是很多大人從小的心願吧！

重新看待「學習」的契機

我們這一代經歷過升學聯考的折磨，常常對學習抱著敬而遠之的態度，導致在職場上面對不熟悉或是新的東西，真的會去翻書找答案的人實在不多，沒有時間通常就是大人不讀書的最大藉口。但是為什麼國外的捷運上，看書是大部分的人共同的行為；而在台北捷運上，一眼望去卻幾乎都在滑手機。沒有成就感的學習，讓我們只想離書本遠一點。

學習心智圖法讓我重新看待「學習」這件事。透過心智圖，讓我看到原來不同的科目彼此之間其實有關聯性，原來學習是可以這

麼清楚的累積起來的。於是在陪伴孩子學習心智圖法的過程中，我真正發現自己是喜歡讀書的。

享受學習，累積專業，人生永遠有夢

2012年基於對學習的熱愛與衝動，我繼續進修博士學位，這一次我決定要讓心智圖法幫我去享受學習。博士班課程才是真正對學習能力的一大考驗，面對無涯的學海，常常累到有股回頭是岸的悲觀，但是只要一打開心智圖筆記，對於學習的那股穩定感就出來了，按部就班的累積出我真正的專業。

博士班的學習不僅僅只是專業知識的學習，還必須藉由統整的力量產出新的想法，心智圖法中網狀脈絡連結的學習，常常可以幫助我找到脈絡之間的關係，了解問題背後的問題。

現在我們母女倆常常一人一台電腦，可以一邊享受浪漫的早午餐，或是一邊喝著優雅的下午茶，同時能夠很專注的在自己的學習上。我想我跟孩子的學習之路，會因著心智圖法的陪伴而長長久久的一直走下去。

小提醒

■ 孩子是透過父母看到自己的未來，父母本身不斷的終身學習，是最重要的身教。

■ 有自信就不怕面對困難。

教。學。現。場
教學方案與案例分享

近年來心智圖法已經逐漸普及，落實到中小學的各個科目教學之中，在這個附錄單元裡，收錄了「孫易新心智圖法®」認證班結業的新湖國小陳孟妏老師為提升兒童閱讀理解及創造力，所發展出結合心智圖的繪本閱讀教學方案，以及兩位師資培訓班結業的國小老師（頭份國小鄭琇方老師、中和國小陳韋銘老師）他們實際指導學生的教學方案與案例。所以，不論你是老師或是家長，都可以參考他們的課程設計，應用到不同年級、不同科目的教學。

陳 孟妏 老師

服 務於台北市新湖國小，由於對於心智圖法運用在教學上相當有興趣，因此在進修碩士學位時，就以心智圖法運用於低年級的繪本閱讀理解及對創造力的影響為題進行研究，並在研究中發展繪本的心智圖法教案做為進行閱讀理解的教學方法。研究結果發現，使用心智圖法進行繪本教學果然能夠提升低年級的閱讀理解力及創造力。

【孟妏老師的期許＆教學經驗分享】
希望藉由結合心智圖閱讀繪本，提升低年級學童閱讀及創造思考的能力。首先必須要讓學生清楚這本繪本在說什麼？心智圖除了清楚呈現出繪本的架構，同時在之後也能有一些延伸發展的活動，讓學生在閱讀繪本之後能夠與自己的生活做連結，如此一來就不會只是單單聽完一個故事了。
提供：《一個不能沒有禮物的日子》心智圖結合繪本閱讀教學方案

繪本名稱	一個不能沒有禮物的日子	設 計 者	陳孟妏
教 學 者	陳孟妏	教學總節數	4節

教學目標	1.透過圖像閱讀與討論，能理解在閱讀過程中觀察到的訊息。 2.能夠根據故事情節，繪製心智圖。 3.能透過心智圖繪製，激發兒童變通性、流暢性、獨創性。 4.能夠欣賞同學的作品。 5.了解「禮物」的價值不在於外表的價值，而是贈送者的心意。

教 學 活 動	教學資源	時間	教學評量
壹、準備活動 **一、引起動機** 以「禮物」為引點，引導小朋友思考。想一想，平常在什麼時候你會收到禮物？收到禮物的心情是什麼呢？		5'	
(一) 禮物的 Brain flow 思考 1.以「禮物」為主題，讓小朋友進行接龍遊戲。接的人不可以超過3秒，超過就淘汰，看看最後剩下幾個人。例如： （1）想到「禮物」就想到「生日」 （2）想到「生日」就想到「蛋糕」 （3）想到「蛋糕」就想到「奶油」……		5'	能夠發揮擴散思考能力，提出各種想法
2.現在請小朋友以「禮物」為起點，開始思緒流暢地完成學習單。 3.完成後，再請小朋友分享自己的學習單。 4.教師總結。	電腦、單槍投影機、實物投影機、「禮物聯想」學習單	20'	能夠完成學習單 能夠與同學分享自己的作品，並能欣賞他人作品

(二)禮物的 Brain bloom 思考			
1.配合班上「禮物競標」活動,老師需要請家長提供合適且能吸引學生的禮物。請小朋友以心智圖提供禮物的「菜單」給爸媽做參考。			
❶分給每個小朋友5張小卡,請每個人寫下自己最喜歡的禮物。	海報紙 小卡	5'	
❷請小朋友將所寫的詞卡秀出來,而在小組裡,若有成員寫的是相同的禮物,則將該張小卡收掉。		5'	
❸請成員將桌面上的禮物小卡進行分類。		5'	
❹根據所做的分類,繪製成心智圖。		15'	小組能合作完成心智圖繪製
❺在分類的分支中,可請成員再思索是否有遺漏之處,可以再進行增加。			
2.請小組小朋友派代表上台發表小組的想法。		10'	
3.根據他人想法,補充自己組所不足的地方。			
4.老師總結,並將各組作品布置於教室,供小朋友欣賞、學習。			能夠欣賞同學的作品

【第一、二節】結束

貳、發展活動:繪本閱讀			能踴躍發表自己的想法
(一)老師引言:禮物的出現常會讓人覺得很開心,很興奮。特別是有些日子,如果沒有了禮物,就會讓人覺得少了些什麼東西。請小朋友想一想:「你認為什麼樣的日子,需要有禮物呢?」			

(二)老師秀出《一個不能沒有禮物的日子》這本書，介紹這本書的作者、繪者及出版社。請小朋友猜一猜：「作者認為什麼樣的日子不能沒有禮物？跟你想的是不是一樣呢？」		5'	
(三)以簡報播放繪本，在播放過程中，先呈現故事圖片，讓小朋友發表並討論畫面中展現出的內容後，老師再秀出故事文字內容。	電腦、單槍投影機、繪本ppt	15'	能夠專心聆聽故事
故事大意：《一個不能沒有禮物的日子》這本書主要是描述小熊的爸爸找不到工作，但是聖誕節快到了，小熊從爸媽的表情裡知道了生活的壓力，於是小熊自己想辦法給大家找禮物，而爸爸、媽媽、哥哥、姊姊也都為聖誕節盡了心力，爸爸做了聖誕樹、媽媽煮了一頓可口的晚餐、哥哥和姊姊布置窗戶，一切都和往常的平安夜一樣，只有爸爸媽媽知道今年聖誕老公公不會來了。第二天早上，小熊叫醒大家來看禮物，哥哥得到補好破洞的風箏、姊姊得到留在公園忘了帶回家的傘、媽媽得到一顆一直找不到的鈕釦、爸爸得到被風吹走的帽子，小熊的禮物盒裡裝著他最喜歡的棒球手套，每個人都得到一份禮物和一段回憶。			透過圖像閱讀與討論，能理解在閱讀過程中觀察到的訊息
參、綜合活動 1.在故事說完後，經由老師引導，與小朋友共同討論完成《一個不能沒有禮物的日子》的心智圖繪製。		20'	能夠完成心智圖繪製

177

❶**中心主題的繪製**：請小朋友分享討論該本繪本的中心主題，會想要畫什麼呢？	《一個不能沒有禮物的日子》學習單		學生能踴躍發表
❷**第一支主幹：原因** 第一支主幹「原因」，分出「聖誕節」、「爸爸」、「媽媽」三個分支，點出聖誕節是一個不能沒有禮物的日子，但是爸爸做生意失敗，媽媽留錢過日子，來做為故事的開端。			
❸**第二支主幹：聖誕節** 第二支主幹「聖誕節」，分支為「前幾天」和「聖誕夜」，從這兩個分支裡，更加強敘述大家對這個節日的重視，布置家裡、豐盛的晚餐及做一棵聖誕樹，凸顯出濃濃的聖誕節味。			
❹**第三支主幹：聖誕禮物** 第三支主幹「聖誕禮物」，聖誕節當天，大家獲得了特別的禮物，和故事一開始產生了相呼應，這是一個不能沒有禮物的日子，所以大家都獲得了禮物，即使它是一個舊東西，也讓大家心暖暖的。			
❺**第四支主幹：感覺** 第四支主幹「感覺」，大家都覺得這是一個特別的聖誕節。			
2.完成後，請小朋友在小組裡互相分享自己的心智圖。			能欣賞同學作品

3.老師總結，並將學生的作品布置於教室之中供大家欣賞。

【第三、四節結束】

一年___班（ ）號 姓名_____

一個不能沒有禮物的日子

- 原因（故事背景）
  - 一個不能沒有禮物的日子
  - 感覺
    - 想起
    - 度過
    - 舊禮物
- 聖誕節
  - 前幾天
    - 媽媽 做
    - 兄姊 黏貼
    - 爸爸 做
  - 聖誕夜
    - 媽媽 煮
    - 爸爸 釣
    - 說
    - 像
    - 給
    - 聽
- 聖誕禮物
  - 哥哥
  - 姊姊
  - 媽媽
  - 爸爸
  - 小熊

鄭 琇方 老師

苗栗頭份國小級任老師，非常熱衷將心智圖法應用在指導學生的學習上。2004年為了幫助孩子提升閱讀寫作的能力，以長達四年的時間在自己帶領的班級，進行碩士論文的行動研究，嚴謹地研擬出對國小學童寫作能力具有顯著提升成效之教學方案。

【琇方老師教學經驗分享】

分類是做筆記的重要基礎，要讓學生學會心智圖法，又不增加讀書學習的負擔，最方便的方法，即是使用課本的文章做為素材：生活、社會、自然、或是國語課文中，挑選結構性強的一小段，都可以拿來做練習。透過繪製心智圖筆記的過程，活化孩子的大腦，將雜亂無章的訊息做系統化的組織，是需要時間練習的，這個過程也可以培養學生的耐心。

因此，建議在教學現場的老師們，可以將整個學習時間拉長，讓學生在輕鬆學習的情況下教學；給家長的建議，也是不需要急躁，畫得不如理想中的美觀，不要批評打擊，先找出孩子的優點再給予意見，例如：「你分類分得真棒，這裡如果再加個小圖就更棒了，你要不要試試看呢？」

提供：國小中、高年級心智圖教學案例

壹、中年級

一、目的

（一）三年級：三上以練習分類、支幹命名為主，熟練心智圖之後，為三下的作文教學鋪路。

（二）四年級：除了延續三年級的作文教學，此時教學目的放在摘錄重點筆記。由於學科內容變深，需要背誦部分變多，加上即將升上五年級，希望孩子能繼續使用心智圖學習，因此轉換方向，讓孩子能夠落實學習為重。

二、科目

（一）成語教學

- 年級：三年級
- 教學方式：一組一本成語字典，盡量找出跟動物有關的多個成語，接下來透過討論後分類，畫成心智圖。
- 目的：練習分類與組織。

分類能力是智慧的基礎，也是心智圖法的核心關鍵原理之一。培養好分類的能力，對閱讀理解會有很大的幫助。

（二）社會科

在暑假備課時，便先將本學期的社會內容，使用心智圖軟體製作成教材。開學後，每一節課只上一小單元，最後幾分鐘，大家一起找出單元內的關鍵字，學生於課程結束後，必須將今天所上內容畫成心智圖筆記。

三年級社會趨近生活，是很好發揮以及熟練心智圖的方式；到了四年級單元變深，必須背誦的部分變多，此時教學重點則落在指導學生如何做筆記與背誦的秘訣。

（三）數學科

數學科也可以做心智圖，將此單元最重要的幾個大概念畫成心智圖，再根據概念自行解釋或舉例，可以了解孩子是否熟悉。

 數學科的心智圖筆記在於透過樹狀的分類結構與因果關係、以具體的圖像說明抽象的數學代號，來協助釐清複雜的概念與關係。

（四）自然科

親手做過實驗之後，趁著印象深刻之際，以心智圖再搭配鮮活的小插圖來整理學習的內容，可以加深記憶的效果！

 自然科的心智圖筆記看似與社會科類似，但又多了一點與生活的連結，因此可以將課本的知識與生活的觀察結合在一起，彙整出自己獨特的心智圖筆記。（可參考191頁陳韋銘老師的自然科心智圖教學方案）

（五）戶外教學的行前計畫

出去玩該帶什麼、注意什麼也可以自行設計。

 從實做中學習，是最有效的學習。先生活化再課業化，讓孩子將心智圖法融入到生活當中，不知不覺熟悉心智圖法的規則技巧，他們會更喜歡、更願意應用到學校的功課當中。

【成語教學 - 成語／莊家誠】

【社會科 - 稱謂媽媽／莊家誠】

【社會科 - 家鄉物產／許芳瑜】

【數學科 - 分數／張隆盛】

【自然科 - 推動玩具車的方法／許芳瑜】

【自然科 - 認識植物的根／許芳瑜】

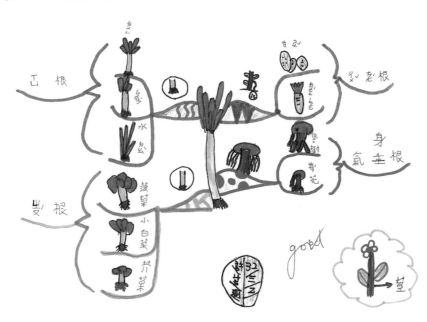

185

【自然科 - 火車的演進／莊家誠】

【戶外教學的行前計畫 - 小人國行前計畫／許芳瑜】

貳、高年級

一、目的

高年級學科多且深，此時教學重點不放在心智圖的美觀，而是以直接教導學生如何做出有助於學習的筆記為主，因此不特別要求上色、或整體的協調性。另外，由於孩子已經先對心智圖的概念做過學習，如果內容過多，亦可以讓孩子試著使用軟體，以節省時間。

二、科目

（一）國語～課文找大意、主旨

高年級的課文大多優美、文意深，且內容很多，教導學生畫出心智圖後，可以很快抓住重點，了解主旨，屬害一點的甚至連課文都可以背起來。

（二）社會科～重點整理

目的是讓學生熟悉找關鍵字以及分類的概念。

【國語第五課 - 翠玉白菜／呂佳芯】

【國語第八課 - 處處都是美／呂佳芯】

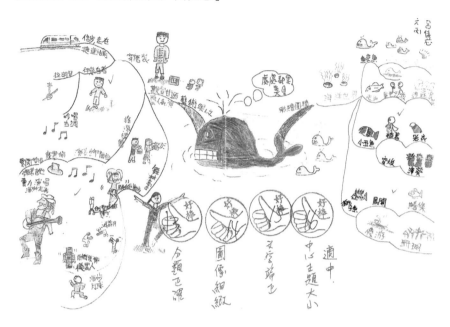

【社會科 - 台灣農業發展／羅苡媽】

188

（三）基測題

學生即將升上國中，面對五花八門且深度不一的基測時，必須能夠在有限時間內找到重點，因此，提早訓練學生未來如何面對問題。

【98年基測題 - 陳彥妤】

> **98年基測題**
> 　親水運動公園，應該是我旅行中所見<u>新形態</u>公園裡最讓我振奮的一座。名為<u>運動公園</u>，我們就<u>不會用</u>森林公園的尺碼去苛求。這座位於城裡的<u>公園</u>，除了體育場地的設施外，<u>全部</u>以現代人工化的<u>自然景觀</u>規畫。孩童的親水環境、新式的庭園格局，以及具有後現代風格的山丘造景，都貼切地融入這個視野寬闊的公園裡。

一、問題:親水運動公園令作者激賞的特質是什麼？　　　　(D)

　　(A)花卉鮮妍多采，水池造型新穎

　　(B)占地廣大，可讓市民帶著寵物散心

　　(C)體育場明亮寬敞，具備多功能設計

　　(D)寬闊的空間裡融合現代與古典的設計

六丙 18号
陳彥妤

二、畫出重點筆記心智圖

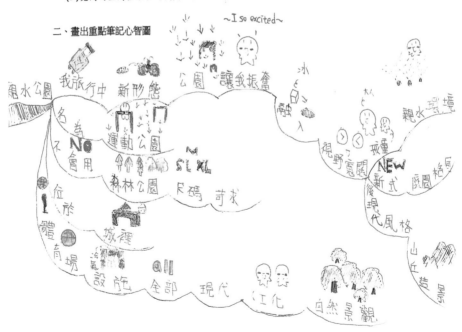

陳 韋銘 老師

中和國小自然科任老師，多年來致力於將心智圖法應用在自然科的教學之中。本案例以「觀察落葉」這個非常生活化的單元為例子，各位老師與家長可以照著教學方案的步驟與解說，跟著做做看。未來可以循此模式，應用到自然科的其他單元之中。

【韋銘老師教學經驗分享】

達爾文曾說過：「我既沒有突出的理解力，也沒有過人的機智。只是在覺察那些稍縱即逝的事物並對其進行精細觀察的能力上，我可能在普通人之上。」雖然這是達爾文的謙遜之詞，不過可以了解到「觀察」能力的重要性，科學教學中常使用的探究式教學法、問題解決教學法、創造力教學法……等，也都與科學觀察有關，主要原因來自於資訊的獲得由觀察開始，包含運用五官直接觀察以及利用科學儀器來觀察。

兒童的科學觀察須循序漸進來學習，包含直觀觀察、察覺變因的改變與變化、觀察事物的特徵與屬性等等，而這些觀察任務在引導教學後都可以獲得進步。在繪製觀察心智圖時，依照繪製者的心智能力與觀察技能又可分為三階段：第一階段是觀察的主題與如何觀察的主幹已提供（適合低年級或不熟悉科學觀察技能者）；第二階段是提供觀察的主題，但如何觀察的主幹則不提供（適合中年級或熟悉科學觀察技能者），第三階段則是由觀察者自己尋找觀察的主題來繪製心智圖（適合高年級或熟悉科學相關過程技能者，可利用觀察心智圖進而發現及研究問題。以下就科學觀察的第一階段與心智圖應用的結合作說明。

提供：自然科「觀察落葉」心智圖教學方案

- 教學內容：觀察落葉
- 學生學習目標：利用五官觀察物體的特徵
- 教學者與對象：陳韋銘老師與一年級學生
- 心智圖優點：可以全面的觀察物體，而不是只用眼睛看，另外使用單一感官也能廣且深入，例如學生以往利用眼睛觀察只重視什麼顏色、什麼形狀，利用心智圖擴散思考的優點還可以深入觀察樹葉上的紋路。

【教學過程 - 師生對話及教學活動】

老師：小朋友，我們要如何觀察落葉？我們可以利用……。

（老師畫出中心主題、主幹，學生思考與回答）

學生A：眼睛看。

學生B：摸摸看。

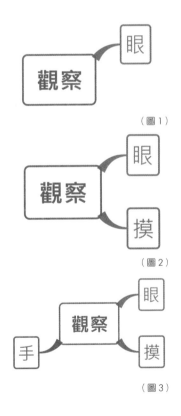

（圖1）

（圖2）

（圖3）

老師：（當學生有提到五官時，就優先將其所說到的眼睛畫上去）是的，學生A說我們可以用「眼睛」來觀察。

老師：學生B說摸摸看，所以我們這樣寫好嗎？（圖2）哪一種比較好？為什麼？

學生：寫手比較好，因為上面是寫「眼睛」，而不是寫「看」，所以寫手比較好。

老師：是的，同學要記得同一位階要有同一邏輯[*1]。

註1 同一位階指的是由中心主題擴散出去的第一階、第二階、第三階等。「眼睛」與「摸」及「手」三個關鍵字都是中心主題擴散出去的第一階（圖3）；相同邏輯指的是，眼睛是五官，手也是五官，摸是手的動作，

191

所以眼睛與手的背後邏輯才是一樣，如果要寫「摸」當第一階，那就不能寫眼睛，而是要改成「看」。哪個關鍵字在上位階或下位階沒有絕對，一般以哪個關鍵字的概念涵蓋較廣做為上位階。舉例來說，用手摸是一種觀察方法，那如果我要用手提來感覺重量，「摸」在上位階恰當嗎？請看圖4，因此「手」這個關鍵字在這裡放上位階比較適合。

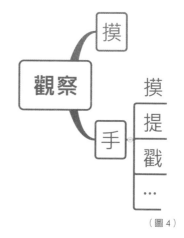

（圖4）

老師：那還有呢？[*2]

註2　這時老師再將學生思考後所表達的內容擷取關鍵字並畫出來，在畫的同時，老師要利用放聲思考法，邊唸邊畫出來。

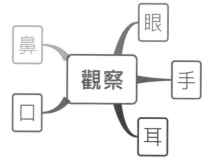

（圖5）

老師：在觀察落葉之前，我們先花一點時間來了解，我們要如何運用我們的五官。我們知道眼睛要看、手要摸，但眼睛要看什麼？手要摸什麼？有沒有人知道。

學生A：看樹葉是什麼顏色？

老師：原來是運用眼睛觀察「顏色」（老師將顏色這個關鍵字寫上去），那眼睛除了觀察顏色，還可以觀察什麼？（老師可以引導學生思考[*3]）

註3　教育理論常提到老師要能引導學生思考，提供鷹架，利用心智圖就是一種提供思考鷹架的辦法，而且這個心智圖的鷹架還是看得到的心智模式。當同學理解到用眼睛可以觀察顏色，再透過心智繪圖提升擴散思考的優點，他就會想到眼睛還可以觀察「形狀」、「紋路」等等。

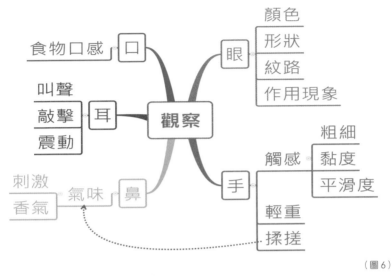

（圖6）

（圖7）

◎**實際教學情況：**由於學生是一年級，老師一邊引導學生思考，說出自己的想法，一邊將學生口述的關鍵字繪製在黑板上的觀察心智圖中。這邊須特別強調的是，由於心智圖擴散思考的優點，在學生陸續提出眼睛、手、鼻子及耳朵等關鍵字後，有學生提到利用嘴巴來觀察物品，所以老師在心智圖左半邊特別強調觀察時的安全性；但如果加上觀察所要注意的內容，

左上：學生戶外觀察
右上：用鼻子聞
中：進行討論
下：報告

就必須修正心智圖，以觀察為中心主題，五官與注意事項為第一階，這樣才符合同位階須同邏輯的原則。由於是利用黑板手繪，修正時會花較多時間，因此才未即時修正，正確的心智圖應修改為圖8。）

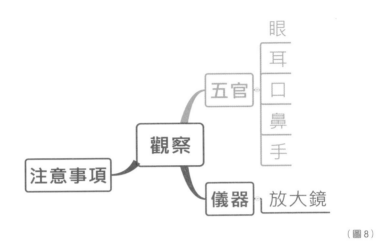

（圖8）

老師：現在同學已經有了觀察的基本架構，請同學利用此架構觀察落葉，並將觀察結果記錄在心智圖上[*4]。

註4 觀察方法心智圖是讓學生到教室外觀察落葉使用，這張心智圖可以是學生模仿黑板上的觀察方法心智圖並畫下來，或是老師事先準備好發給同學，或者到教室外撿完落葉帶回去邊畫邊觀察，可以視時間與學生心智圖技巧能力做運用。

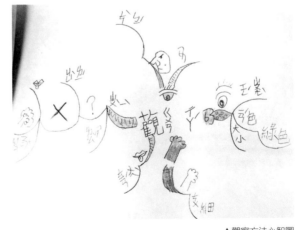

▲觀察方法心智圖

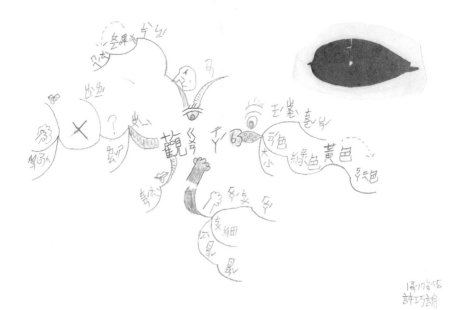

▲觀察後記錄─繪製落葉觀察心智圖作品

▲利用繪製好的落葉觀察心智圖做報告

心智圖筆記
六。步。驟

整理一篇文章的心智圖筆記會不會很困難呢？
首先你必須能夠掌握心智圖筆記的六個步驟，才不會拿到文章畫
完重點之後，卻發現不知如何下手。本單元以〈台灣碧海水力發
電廠〉這篇文章，使用繪製心智圖的軟體Xmind，為大家示範心
智圖的文章筆記。

- Xmind 免費下載網址 | http://www.xmind.net/downloads
- Xmind（含附加功能）訂購網址 | http://www.xmind.net/pricing
- 心智圖筆記六步驟線上學習影片 | http://goo.gl/AHMqc3

（示範文章全文）

台灣碧海水力發電廠

　　台灣東部地區長期以來自產電力嚴重供應不足，必須仰賴核三廠與日月潭水力發電廠等其他地區電廠的支援。為了配合政府產業東移的政策，以及提升供電品質，減少從其他地區輸送電力產生的損失，故台電公司經行政院核定興建碧海水力發電工程計畫。

　　碧海水力發電廠興建地點位於花蓮縣秀林鄉與宜蘭縣南澳鄉交界處的和平溪中、上游。於1996年開始動工興建，2011年完工開始營運，總建造費用約新台幣165億元。由於電廠工區位於未經開發、人煙罕至的深山中，沒有道路前往勘查壩區，以及運送興建所需的大型機具與材料，在施工上具有相當大的難度，台灣電力公司因此引進了重型直升機吊掛大型機具的技術進行協助施工，為台灣大型工程的首例。

　　在設施方面，碧海水力發電廠的蓄水量為100萬立方公尺，水壩閘門高度有三層樓高，寬度有三個車道那麼寬，發電渦輪機的有效水頭416.8公尺，發電方式採調整池式，時間從上午10點到下午4點的用電高峰期，每年總發電量有2億3千7百萬度，可供應6萬5千戶一年的用電。

步驟一：確認核心主題

心智圖筆記的第一個步驟是確認核心主題，也就是將文章的名稱輸入到Xmind軟體的中心主題區塊中。如果可以找到與主題有關、能產生強烈連結的圖像，插入到中心主題的方格中強化印象，會有更好的記憶效果。

台灣
碧　海
水力發電廠

步驟二：掌握大綱架構

一般而言，在社會科的課文當中，若有段落標題的話，可以用它做為心智圖筆記的大綱架構。從這篇文章當中，我們看到有三個段落，但沒有標題，我們就得先閱讀文章，自行歸納出這一段的主題是什麼。

第一段都是在說明為什麼要蓋這座發電廠，所以我們以**緣起**來命名；第二段講述這座電廠在哪裡興建、興建的日期、興建的費用、興建遇到的難度與興建首度引進的技術，因此第二段歸納出**興建**這個段落的主題；第三段的第一句話直接點出這一段要說明發電廠的相關設施，因此很容易就找出用**設施**做為段落標題。

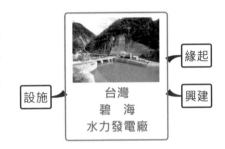

步驟三：運用色彩意涵

色彩具有個人的情緒性與感受性，有助於強化長期的記憶。因此根據第二步驟所分出的幾個大類，在腦袋裡思考一下，每一個類別給你的感覺是什麼？用什麼顏色來代表比較合適？

例如「緣起」很重要，所以用紅色；「興建」就是開工動土，所以用泥土的顏色；「設施」談到跟管理有關的資訊，因此用藍色來代表。

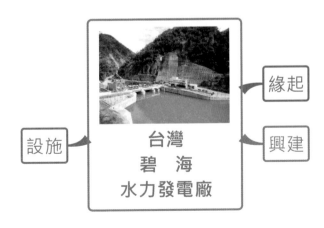

步驟四：延伸內容細節

接著分別從每一個大類思考一下，在文章中談到哪幾個中類，每一個中類包括了哪幾個小類或內容說明。

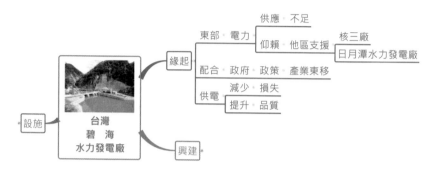

步驟五：思考彼此關聯

透過心智圖樹狀結構的展開，我們將文章內容以具有邏輯的分類方式，說明了〈台灣碧海水力發電廠〉這篇文章「緣起」、「興建」與「設施」這三大類的詳細內容。接下來就要思考不同類別的資訊，彼此之間是否有關聯性，這就是心智圖法當中網狀脈絡的應用。

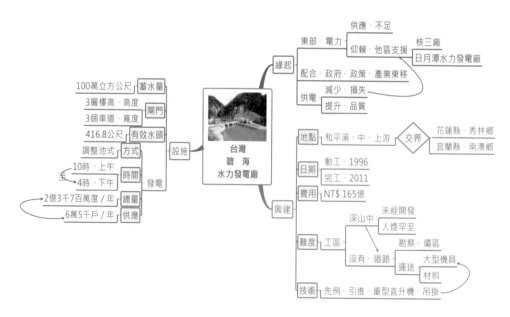

步驟六：加入重點插圖

心智圖筆記與其他圖解筆記，在視覺上最大的差異在於加入了許多簡筆畫的插圖，圖像簡單並與想要凸顯的內容重點有關聯，才能留下深刻的印象。當心智圖的文字內容已經大致完成之後，接下來就是要在重要關鍵字的地方加上插圖。例如碧海水力發電廠是台灣電力公司首度引進「重型直升機」吊掛大型機具的技術進行協助施工，為台灣大型工程的首例。「重型直升機」是文章中的重點之一，因此在這裡加上一個跟內容相關的插圖。

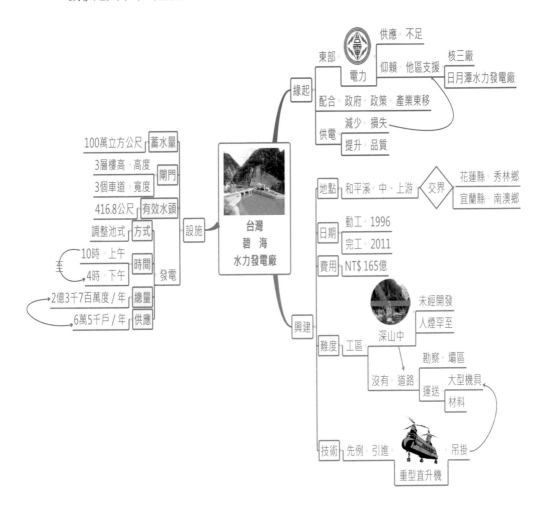

國家圖書館出版品預行編目資料

用心智圖法開發孩子的左右腦：教出富有創意、思考
力和學習有效率的小孩 / 王心怡, 孫易新著. --
初版 -- 臺北市：商周出版：家庭傳媒城邦分公
司發行, 2016. 07
　面；　公分. -- (全腦學習；26)
　ISBN 978-986-477-058-8 (平裝)

1.智力 2.思考 3.健腦法 4.學習方法

176.4　　　　　　　　　　　　105011025

全腦學習 26

用心智圖法開發孩子的左右腦
——教出富有創意、思考力和學習有效率的小孩

作　　　者／王心怡、孫易新
企 畫 選 書／黃靖卉
責 任 編 輯／林淑華

版　　　權／翁靜如、林心紅、吳亭儀
行 銷 業 務／張媄茜、黃崇華
總 編 輯／黃靖卉
總 經 理／彭之琬
發 行 人／何飛鵬
法 律 顧 問／台英國際商務法律事務所羅明通律師
出　　　版／商周出版
　　　　　　台北市104民生東路二段141號9樓
　　　　　　電話：(02) 25007008　傳真：(02)25007759
　　　　　　E-mail：bwp.service@cite.com.tw
發　　　行／英屬蓋曼群島商家庭傳媒股份有限公司城邦分公司
　　　　　　台北市中山區民生東路二段141號2樓
　　　　　　書虫客服服務專線：02-25007718；25007719
　　　　　　服務時間：週一至週五上午09:30-12:00；下午13:30-17:00
　　　　　　24小時傳真專線：02-25001990；25001991
　　　　　　劃撥帳號：19863813；戶名：書虫股份有限公司
　　　　　　讀者服務信箱：service@readingclub.com.tw
　　　　　　城邦讀書花園 www.cite.com.tw
香港發行所／城邦（香港）出版集團
　　　　　　香港灣仔駱克道193號東超商業中心1樓　E-mail：hkcite@biznetvigator.com
　　　　　　電話：(852) 25086231　傳真：(852) 25789337
馬新發行所／城邦（馬新）出版集團【Cite (M) Sdn Bhd】
　　　　　　41, Jalan Radin Anum, Bandar Baru Sri Petaling, 57000 Kuala Lumpur, Malaysia.
　　　　　　電話：(603) 90578822　傳真：(603) 90576622

封 面 設 計／江孟達工作室
版 面 設 計／林曉涵
內 頁 排 版／林曉涵
印　　　刷／中原造像股份有限公司
經 銷 商／聯合發行股份有限公司
　　　　　　新北市231新店區寶橋路235巷6弄6號2樓　電話：(02) 2917-8022　傳真：(02)2911-0053

■2016年7月5日初版　　　　　　　　　　　　　　　　　Printed in Taiwan
定價350元

城邦讀書花園
www.cite.com.tw

廣　告　回　函
北區郵政管理登記證
北臺字第000791號
郵資已付，免貼郵票

104　台北市民生東路二段141號2樓

英屬蓋曼群島商家庭傳媒股份有限公司城邦分公司　收

- -

請沿虛線對摺，謝謝！

| 書號：BU1026 | 書名：用心智圖法開發孩子的左右腦 | 編碼： |

讀者回函卡

★感謝您購買《用心智圖法開發孩子的左右腦》，凡於2016/10/5 前填妥此回函寄回（郵戳為憑，傳真或影印無效），
　就有機會抽中由孫易新心智圖法培訓機構特別開設的【玩出學習力～親子共學·桌遊·心智圖】二日課程（市價
　9,900元）5名及【玩出學習力～親子共學·桌遊·心智圖】5000元折價券20名。

不定期好禮相贈！
立即加入：商周出版
Facebook 粉絲團

※以上限定使用梯次：2016年11月5-6日（上午9點～下午4點）

★請填入真實姓名、電話、地址、E-Mail 以利抽獎公布與通知。得獎名單將於2016/10/18 公布在商周出版部落格
　（http://bwp25007008.pixnet.net/blog）與 Facebook 粉絲團。

★確認獲獎名單會同步公布於浩域企業管理顧問股份有限公司，可上網查詢www.MindMapping.com.tw 或來電洽詢
　0800-322-999（錯過課程時段即視同自動放棄）。

姓名：＿＿＿＿＿＿＿＿＿＿＿＿＿＿＿＿＿＿＿＿　性別：□男　□女

生日：西元＿＿＿＿＿＿年＿＿＿＿＿＿月＿＿＿＿＿＿日

地址：＿＿＿＿＿＿＿＿＿＿＿＿＿＿＿＿＿＿＿＿＿＿＿＿＿＿

聯絡電話：＿＿＿＿＿＿＿＿＿＿＿　傳真：＿＿＿＿＿＿＿＿＿＿＿

E-mail：

學歷：□ 1. 小學 □ 2. 國中 □ 3. 高中 □ 4. 大學 □ 5. 研究所以上

職業：□ 1. 學生 □ 2. 軍公教 □ 3. 服務 □ 4. 金融 □ 5. 製造 □ 6. 資訊

　　　□ 7. 傳播 □ 8. 自由業 □ 9. 農漁牧 □ 10. 家管 □ 11. 退休

　　　□ 12. 其他＿＿＿＿＿＿＿＿＿＿＿＿＿＿＿＿＿＿＿＿＿＿

您從何種方式得知本書消息？

　　　□ 1. 書店 □ 2. 網路 □ 3. 報紙 □ 4. 雜誌 □ 5. 廣播 □ 6. 電視

　　　□ 7. 親友推薦 □ 8. 其他＿＿＿＿＿＿＿＿＿＿＿＿＿＿＿＿

您通常以何種方式購書？

　　　□ 1. 書店 □ 2. 網路 □ 3. 傳真訂購 □ 4. 郵局劃撥 □ 5. 其他＿＿＿＿

您喜歡閱讀那些類別的書籍？

　　　□ 1. 財經商業 □ 2. 自然科學 □ 3. 歷史 □ 4. 法律 □ 5. 文學

　　　□ 6. 休閒旅遊 □ 7. 小說 □ 8. 人物傳記 □ 9. 生活、勵志 □ 10. 其他

對我們的建議：＿＿＿＿＿＿＿＿＿＿＿＿＿＿＿＿＿＿＿＿＿＿＿＿

＿＿＿＿＿＿＿＿＿＿＿＿＿＿＿＿＿＿＿＿＿＿＿＿＿＿＿＿＿＿＿＿

＿＿＿＿＿＿＿＿＿＿＿＿＿＿＿＿＿＿＿＿＿＿＿＿＿＿＿＿＿＿＿＿